大腦衝浪

CATCH THE WAVE

● 你只需要一點心理學，衝破人生僵局！●

劉軒 Xuan Liu 著

suncolor
三采文化

目 錄 content

Step 3 專注於重要的事

Step 4 管理你的身體能量

Step 5 正向，不簡單

Step 6 相信你的超能力

給未來的邀請函

在人生當中有兩個日子,是你最重要的日子:第一個是你出生的那一天,另外一個,是你找到自己為什麼出生的那一天。

——馬克・吐溫(Mark Twain)

2000 年 6 月,當哈佛舉辦五年一度的校友同學會時,我還在那裡念研究所。我從哈佛大學畢業就直接進了那裡的博士班,連續將近 10 年在美國劍橋鎮這個小地方,我已經是地頭蛇了。

母校舉辦同學會,我應該很興奮,是吧?

錯。當大家玩得不亦樂乎的時候,你知道我在哪裡嗎?我躲在房間裡。

為什麼呢?我覺得,我比不上他們。

《校友近況報告》(Reunion Class Report)是一本平裝書,書皮是哈佛招牌的深紅色,內容是校友們自己投書,向學校報告過去 5 年的生活變化和進展。學校集結成冊,發給該屆的同學,隨便翻開一頁:

「過去幾年我在上海居住,大部分時間都在探索新的商機。5 年前,我創立了一家專門從事亞洲另類投資的精品基金管

理公司，該公司總部位於上海，我們是最早在當地設立的海外
投資公司之一。目前，我們有兩檔對沖基金，並繼續擴大我們
的產品範圍和資產管理……」

　　「在舊金山的一家 dot-com 擔任 CEO 之後，我重新回到
紐約創辦了一個智囊團。事實證明，這是一個非常好的時機。
我現在與全世界的思想家和首席執行官們進行諮詢，而且我也
很幸運地找到了一個能讓我不只是想一天到晚飛來飛去的另一
半。莎莉是一位極具天賦的模特兒和演員，目前正在主演一齣
百老匯音樂劇。我們現在正在紐約市準備購買我們的第一棟房
子，歡迎校友們來找我！哎呀，一轉眼就 5 年了！日子似乎過
得越來越快，你說是不是呢？」

　　我跟你說：如果你想要打擊自己的自信心，閱讀這本哈佛
大學的《校友近況報告》準沒錯！

　　在外人的眼裡看來，我這個「哈佛教育學院心理系博士候
選人」頭銜聽起來滿厲害的，但我只覺得自己像個留級生。同
學們都已經涉足全球了，我還在原地踏步；他們在董事會上呼
風喚雨，我還在課堂裡呵欠連連……

　　為了面子，我都想好了，萬一遇見熟人就如此報告近況：
「我每天睡到自然醒，買杯咖啡，在校園裡蹓躂蹓躂。天氣好
的話，就坐在戶外咖啡店曬太陽想事情；天氣不好就去圖書館
看研究報告，偶爾跟教授碰面，討論論文進度和教育的未來；

每周當幾次助教，帶幾堂心理學的課，誰能想到這麼快就能被哈佛大學生稱為導師，哈！」

這超欠揍的說法，僅止於內心台詞而已。其實我根本沒見到同學們，因為擔心聽到大家精彩的豐功偉業時，會很難忍受心中的自卑感。於是我躲在房間裡，活動都沒參加，從窗戶眼看著街上路過許多熟悉身影。

多傻啊！但你沒辦法跟自己的情緒講道理。

當一個人覺得身邊的人比自己優秀，而自己只是假裝優秀；覺得之前的成就是因為走運，但遲早會被揭穿；生怕被揭露是個山寨品，而因此死愛面子。這種心態，在心理學研究中有個很傳神的名字，叫「冒牌者症候群」（Imposter Syndrome）。

根據研究，高達 7 成的人在一生當中，或多或少都經歷過這樣的心理狀態[1]。

冒牌者症候群雖然不算是心理病，但它可能會讓人做出不明智的行為，例如為了避免讓自己露餡，而拒絕明明對自己很好的機會；或是為了保護自己的玻璃心而裝得氣勢凌人，因此搞砸了人際關係；或是成為一個工作狂，讓大家看到你天天加班，覺得這樣才算是「對得起」你的職位。

---

[1] 尤其在「高成就人士」中，更是出奇地普遍。這不難理解：當你的人生有機會三級跳，你自己知道多少靠的是實力，多少靠的是狗屎運和關係，所以爬得越高，也就越可能感到心虛。

Sakulku, J. & Alexander, J. (2011) The impostor phenomenon. *International Journal of Behavioral Science, 6* (1): 73 - 92.

對得起職位，但對得起你自己嗎？

心理學告訴我們，意義感來自於「自我實踐」（Self-actualization），關鍵在於認識自己的潛能，並且有效的發揮潛能，創造正向的改變，幫助自己，也幫助別人。「成功」則是自然跟隨而來的結果。

問題是，絕大部分的人都沒有充分自我實踐：他們很努力，很能吃苦，卻永遠在應付、處理、執行別人給予的任務，追求別人所定的目標，甚至以別人的獎勵模式來取悅自己，把生活填得很滿，卻沒有空間做整理。於是，他們的夢想、擔憂、欲望，和各種未完成的計畫只能在自己的腦袋裡打轉，變成一種說不上來的「煩」和「厭世」。

我覺得這是一件非常可惜的事，我無法忍受自己是這個樣子，你呢？

研究所之後，我進入社會，也從美國東岸搬回台灣。十幾年來，忙碌的日子給了我踏實感，成家立業讓我有了「重量」，這時再回顧過去所學的理論，就更清楚哪些適用於生活，進而開始理出一套「成長方法論」。

剛好，心理學這些年來有了巨大變化，從過去注重在研究病理，現在越發注重在優化人生。這種新興的「積極心理學」成為我的理論基石，也為我自己的生活帶來了相當大的幫助。

現在的我，跟當年不一樣了。我有了意義和使命感，知道自己要做什麼。我看到眼前有許多挑戰，但不會因此而退縮；

我很投入生活，迫不及待想要嘗試各種新的體驗、學習新知。回頭看 2000 年的自己，我幾乎無法相信那是同一個人，也很難想像我曾經在資源那麼好的環境裡，卻懷有那麼消極的態度。是哪一部分的「我」改變了呢？

　　改變的，是我的心態。**心態是看待世界的濾光鏡，心態影響了我們的感覺，感覺影響了判斷，判斷影響了行為，行為影響了後果，而後果則決定了我們的未來。**

　　瞻望未來，則要從心態開始。調整心態，則要付出行動。

　　這本書的三十講，是我以現代心理學的研究為基礎，所組成的一套自我訓練系統。從第一講開始，我將一步步帶領你認識自己，並教你一些很容易練習的心理調適技巧。沿途，我也將揭露一些往事，分享我的心路歷程，但終究，這本書的主角是「你」；我希望這套方法能夠幫助你整理思緒，給你能量，讓你更樂於接受自己，不再糾結，勇於改變。

　　讓我們一起出發吧！在未來的聚會上，有你的一席之地！

Step 1 擦亮心態 這面鏡子

人生怎麼老是鬼打牆?
是否發現自己總是遇上相同的窘境,
不論到哪,都陷入輪迴般的泥淖……
相不相信,
改變觀看世界的方式,結果會大不相同。
請先跟著我擦亮「心態」這面鏡子,
看看,世界有什麼不一樣?

第一講
向啟航致敬

　　要談未來，得先檢視自己的內心——我們的生活可能是日日被他人設定的任務填滿，再怎麼努力都感覺空空的；我們可能懷疑成績全憑運氣，自己宛如山寨品，這些自我疑問如同從天而降的塵埃，未來明明一直來一直來，卻好模糊……

　　1891 年，當英國維多利亞女王在主持「皇家亞瑟」號戰艦建成下水時，她用砸碎一瓶香檳以示慶祝——這也是酒被用到這類場合的頭一回……船艦下水總要舉辦儀式來慶祝：古代巴比倫人宰牛，而北歐海盜們用殺死奴隸的方式來告慰海神。到了 15 世紀，這種場合普遍使用的是葡萄酒，國王的使者會喝一高腳杯葡萄酒，再將一部分酒灑在甲板上，最後把酒杯扔到船外[①]。

　　數世紀以來，當船隻開展「處女航」時，往往會有一個我們熟知的習俗，便是在船頭砸碎一瓶香檳。為何是香檳？香檳被視為是高級飲品，而紅酒的顏色看起來有點像血跡，有貴族氛圍的香檳自然視覺上更為合適。重要的是這瓶酒必須被打破，如果香檳沒能在船上被順利打破，反而被視為衰運。

　　2007 年，英國王儲查爾斯的妻子康瓦爾公爵夫人（Duchess

of Cornwall）卡蜜拉在參加維多利亞女王號啟用儀式時，沒能打破香檳，而幾周後 80 名乘客在船上食物中毒，大家便說這是因為公爵夫人當初沒有妥善地打破香檳酒瓶，害大家倒楣，這件事被戲稱為「卡蜜拉的詛咒」。

其實香檳瓶不是那麼容易敲破的！於是，為了讓啟航儀式順利進行，聰明的船長會事先用玻璃切割機稍微破壞一下香檳酒瓶的表面，讓瓶身有一點小缺陷，減弱其強度，確保香檳在該被打破時，不再這麼勇猛堅固。

現在，在開啟這本書的此刻，先請你準備一瓶香檳！

開玩笑的 :P 我們並不打算喝香檳，但作為這本書的第一講（或者毋寧說是開啟這趟旅程的起點），我們應該來個「啟航儀式」。

當初規劃這本書的時候，我想像它為一趟旅程，也希望讀者能隨著書本的推進，一步一步慢慢體驗。我建議最好的「旅行方法」，是每天給自己 15 分鐘，找個安靜的地方，做一些深呼吸和伸展，讓心神靜下來，然後一次讀一講，並試做相關的「行動練習」；倘若你想一口氣看完，這當然是你的自由，但我更希望你能夠運用這本書，形成一個每天跟自己對話的小儀式。

---

① 孫晨（2014年7月5日）〈典故：新船命名下水儀式為何要摔香檳？〉，《BBC中文網》
取自 http://www.bbc.com/zhongwen/trad/uk/2014/07/140705_uk_ship_smash

談到儀式的重要，在這裡要介紹心理學研究中最普遍出現，卻又最無法被解釋的現象，也就是「糖衣效應」（placebo effect）。所謂的糖衣效應，是指某一種藥物或治療方法，本身的成分沒有治療效果，但憑藉著病人自身「覺得」或「相信」治療會有效，症狀因而緩解。

所有現代醫藥臨床實驗都必須通過「對照糖衣效應」測試，而這些測試發現：每一種藥物都有糖衣效應，尤其是抗憂鬱藥物的糖衣效應，強到幾乎跟實際的藥效不分上下[2]！

由此，我們得到一個重要的結論──**信念本身就是良藥**。問題是，當一個人知道自己剛剛服下的藥物只是個「糖衣」，而不是真的藥，那糖衣效應還會存在嗎？

會！讓我介紹世界上最莫名其妙的藥：「意念藥丸」（intention pill）。

雖然它名之為「藥」，卻沒有任何醫藥成分，包裝上還直接寫著：「裡面裝的只是澱粉，沒有任何藥效！」然而，許多服用者證言：這藥丸真的幫助他們解決了各種問題，從減肥、改善睡眠、戒掉菸酒……有些人還說「這根本是仙丹」[3]！

這實在滿奇怪的：你明明知道服用的藥丸就是個不折不扣「糖衣安慰劑」，然而它還是有效，為什麼？

秘訣在於它的「服用方式」。說明書上寫道：你要先設定好一個意念，告訴自己「我要這個藥丸有什麼效果」，然後用一個很複雜的儀式把這個意念「注入」到藥丸中，最後，你吞

下藥丸，讓意念開始發作！

　　那些偶然發現這「仙丹」的人說：很可能正是「吞下藥丸」這個行為，告訴我們的潛意識：「我已經選擇了要把這個意念『內在化』（internalize），由此通知我的潛意識一定要接受它，並幫助我實現這個意圖。」

　　雖然這聽起來難以置信，發明者也叮囑「絕對不要讓它替代你本來就該吃的藥」！但它居然能夠對那麼多人有效果，獲得了許許多多素人代言，意味著當「儀式」結合了「意圖」和「信念」，**本身就能夠有強大的心理作用**。

　　儀式，可以幫助我們準備自己的身心，預備接受新的改變。其實，只要你預先設好意念，很認真、用心、帶著意圖地做一個行為，並告訴自己「這是很重要的」，任何一件事都能成為一個儀式。

　　那麼，讓我們在第一講的行動練習中，一起來為自己做個「啟航儀式」吧！

---

② 還有一些近年的研究者宣稱，抗憂鬱藥物的療效基本上都是來自於糖衣效應，而非藥物本身的作用。Kirsch, I.（2014）. Antidepressants and the placebo effect. *Zeitschrift Fur Psychologie*, 222（3）：128－134.

③ 現在的意念藥丸有很多「品牌」了，但其實任何人都可以製造。品牌故事最完整的應該要算是「Xpill」。

Action行動練習1
請準備Check in

　　想像人生是一趟旅程，你理想的目的地將是哪兒？透過這張登機證，邀請你與我一起出發。

　　從第一講開始，這本書將循序漸進，每一講的「行動練習」都是屬於你的一點點小成果，別只是讀這本書，更重要的是「自己做」——做，才有效果！

　　首先，請設定你的意圖：這張登機證將帶你飛到什麼樣的理想國度呢？你希望在旅程結束時，得到什麼樣的收穫呢？又願意為此付出多少努力和代價呢？

　　先靜下來看著這張登機證，憑直覺寫下從腦袋冒出的感想，隨便寫，不需刪減或編輯，也不用寫太多，「捕捉」當下的心境。

　　然後，請在登機證上面簽上你的名字。為什麼呢？因為研究顯示，當我們簽下自己的名字時，對於潛意識有一種暗示效果，會讓人更認真、甚至更誠實地面對眼前的工作[④]。

　　簽好了嗎？恭喜你，也謝謝你願意和我一起展開這段自我探索的航程。Welcome aboard，我們準備出發！

---

④ Shu, L. L., Mazar, N., Gino, F., Ariely, D. & Bazerman, M. H.（2012）. Signing at the beginning makes ethics salient and decreases dishonest self-reports in comparison to signing at the end. *Proc. Natl Acad. Sci. USA* 109, 15197‑15200.

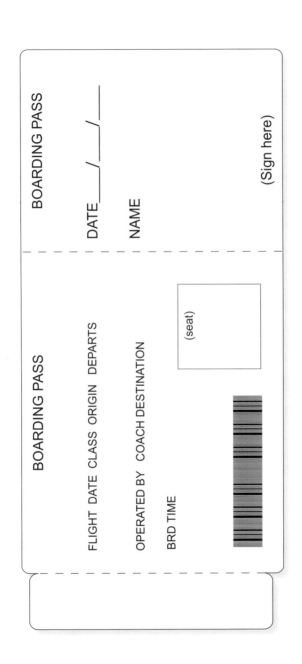

第二講
挖掘自己看世界的角度

　　若是被人說「活在自己的世界裡」，可能心裡不太好受；但我要告訴你：我們確實是如此，而覺察這個世界也格外重要，這一講，我們將透過心理學一個小測驗工具「主題統覺測驗」（Thematic Apperception Test，俗稱 TAT），走進自己的世界。

　　翻開這頁，要先請你練習看圖說故事，但，別想太多喔！請看看右頁這張圖片，你覺得正在發生什麼事？發揮想像力，這個小男孩心裡面正在想什麼呢？小男孩的心情如何？這一刻之前，發生了什麼事？接下來，又將會發生什麼事？

　　讀到這兒，你可以暫停一下，在右方寫出你的直覺反應，寫完之後，再往下讀。我等你。

資料來源：Morgan, C. D. & Murray, H. A. Thematic Apperception Test.

　　你剛才所做的是一個心理學的測驗工具，叫主題統覺測驗（Thematic Apperception Test），一般縮寫為 TAT。TAT 是在 1935 年由兩位哈佛心理學者所發明，測驗的是人的「內心投射」：面對一張有多種解釋可能性的圖片時，一個人編出的故事，可能代表這個人內心的想法、價值觀與成見。

　　這裡面，沒有正確或錯誤的答案。

　　TAT 跟羅夏墨跡測驗①很像，都是屬於傳統的心理分析工具，差別在於：心理治療師使用 TAT 的時候，更可以引導治療對象編故事，而從故事中探索受治療者的情緒或人際關係等面向，對於諮商師來說，它可以是一個對話的引子，讓人可以透過「虛構的故事」來探討較為私人的心理問題。

　　回頭談談這張圖片，小男孩愁眉苦臉地望著小提琴，看起來很緊張，他內心的獨白可能是：「天啊！又要上小提琴課了！」也許孩子的媽媽剛過來疾言厲色地說，這次再不好好練習，等等就要準備挨棍子了！

　　要是你小時候曾經被逼著學樂器，或在對你要求非常高的虎爸、虎媽教育下長大，說不定你看到的就會是這樣的故事。

　　但也有可能，一個不曾遭遇過學琴創傷的人，會給圖中的小男孩這種內心對白：「看起來好漂亮的小提琴喔！不曉得它會發出多麼美妙的聲音呢？」

　　心理學最有意思的地方，就是發現每個人看待世界的不同角度，並設法理解這些角度對現今生活的影響，當你運用

像 TAT 這樣的探索工具，發現其他人的故事跟自己完全不一樣時，你會逐漸理解：每個人都正用自身的眼光看待這個世界。

　　現在，請先停下閱讀的腳步，看看你剛才寫下的答案，問自己：為什麼你會這麼想？為什麼你會直覺地以為小男孩是開心或是難過呢？為什麼你會幫他設計這樣的對白呢？為什麼會編出那前面或後面的故事呢？這跟你過去的經驗、你的人生有什麼關係呢？

　　TAT 另外一個價值，就是幫助我們反思自己的投射。當你能夠停下來，問自己「為什麼我會有這樣的想法？」，不知不覺之中，你已經在進行 EQ 訓練中很核心的練習──察覺並反思自己的思考，這叫「後設認知」（metacognition），白話一點的英文是：Thinking About Thinking，思考你的思考！

　　沒錯，恰好縮寫也是 TAT ！

　　一個不夠自覺的人，會過度相信眼前所看到的事實是唯一的事實，卻忘記了：事實看起來是什麼樣、給我們什麼感覺，往往取決於自己的心態。這樣的心態可能是你有意識或無意識地選擇。如果你沒有經常反思、自覺，就會很容易忘記這些選擇的存在，進而忽視現實有其他的可能性。

---

① 羅夏墨跡測驗：Rorschach Inkblot Method，簡稱RIM。這是由瑞士精神科醫生赫曼‧羅夏（Hermann Rorschach）在1921年編製，測驗由10張帶有墨漬的卡片組成；受試者會被要求回答：最初認為卡片看起來像什麼？後來覺得像什麼？心理學者再根據他們的回答及統計數據，判斷受試者的性格。除了「測謊器」之外，這應該是最常出現在電影裡的「心理學工具」，但實際上，因為它過於依賴心理師的主觀解讀，現在的臨床使用不算很普及。

　　所以，心理治療時常運用自覺、反思的練習，因為當我們體會到，如何看待每一件事情的角度，其實是個人選擇的時候，我們也就開始有能力跳出思考框架和慣性的反應後果。

　　現在，你也可以透過簡易的 TAT 體驗來認識自己，藉這個機會來 think about your thinking，反思自己的內心投射。這裡沒有所謂的正確答案，不要因為你覺得自己的解讀很特異，就以為心理有什麼問題！

　　放輕鬆，發揮創意，have fun ！接下來，請你看看這些圖片，讓自己憑直覺來編幾個故事吧！

> Action行動練習2
> ## 來場TAT練習

　　這一講的練習中，我要帶領你實際做過 TAT 測驗。TAT 的黑白圖片始於 1930 年代，儘管歷史久遠，但現在仍被廣泛使用，TAT 雖然是個測驗，但它沒有標準答案，主要是讓你探索自己的內心，真正的 TAT 測驗有 32 張圖，要與一個專業心理師共處幾個小時才能做完。

　　在這裡，希望透過這個體驗，讓你來思考**為什麼自己看事情會是這樣或那樣**？換句話說，也就是 think about your thinking。請記住，這裡面並沒有正確或錯誤的答案。

準備好了嗎？
Ready
Go！

　　我從 32 張 TAT 圖中選出 2 張，請用你的直覺回答以下問題！

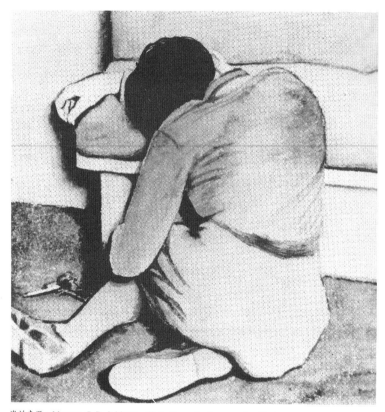

資料來源：Morgan, C. D. & Murray, H. A. Thematic Apperception Test.

1. 這張圖正發生什麼事？

2. 圖片裡的主角，心裡正在想什麼？

3. 問問你身邊的人，他們的答案跟你一樣嗎？

資料來源：Morgan, C. D. & Murray, H. A. Thematic Apperception Test.

1. 這張圖正發生什麼事，或發生了什麼事？

2. 圖片裡的人，是什麼關係？

3. 問問你身邊的人，他們的答案跟你一樣嗎？

此刻，我希望你反思三個問題：

1. 你的答案，是否可能被過去的某種人生經驗所影響？

　　_____

　　_____

2. 日常生活中，在什麼樣的情境下，你或許也會對不明確的事情做「投射」判斷？

　　_____

　　_____

3. 如果別人的故事與你不同，你也能理解他的觀點嗎？你會因為他們的觀點不同，而對他們有什麼不同的感覺嗎？

　　_____

　　_____

　　生活中，我們要能經常停下來，反思自己的思想，問自己「為什麼我會有這樣的反應？」我看的故事，是絕對的事實嗎？

第三講
習得性樂觀

你是否常常對生活感到「無助」？其實，我們並不是一出生就無助，而是點點滴滴的小挫折和放棄，讓自己越來越悲觀。幸好我們可以透過練習，一步步拾回樂觀的心態，跳脫成見。

既然每個人看世界的方式都不同，那這些「不同」又來自於哪裡呢？

有部分是我們天生的個性差異：有些人天生比較衝動，有些人謹慎，有些人反應快，有些人慢半拍。在大自然中，我們也能在動物群裡觀察到這些個性差異，有許多先天個性是會遺傳的，甚至一個人是否能輕易感到快樂，也會受到遺傳的影響[1]。

然而，沒有人天生不好奇，沒有人天生就自我否定，沒有人天生就覺得自己是魯蛇，更沒有人天生就不想活——這些態度，都是因為後天的遭遇和學習而來的。

---

[1] 一項涉及17個國家190多名研究人員的大規模研究分析了近30萬人的基因組數據，發現與主觀幸福感有關的遺傳基因。

Okbay, A. et al.（2016）.Genetic variants associated with subjective well-being, depressive symptoms, and neuroticism identified through genome-wide analyses. *Nat. Genet.* 48: 624‐633.

　　你大概聽過行為心理學最經典的「巴甫洛夫實驗」吧？學者找一隻狗，只要鈴聲響起，就給牠食物吃，重複幾次後，只要狗聽到鈴聲，即便沒有食物出現，狗也會流口水，因為狗的大腦把「鈴聲」和「食物」連結起來，聽到鈴聲就準備要吃東西了。

　　1960 年代，當時在賓州大學就讀心理系的研究生馬丁・塞利格曼（Martin Seligman）做了一個挺殘酷的實驗：隨著鈴聲響起，狗狗不是獲得食物，而是被電擊，換句話說，鈴聲與「懲罰」而不是「獎勵」連在一起。

　　試想，狗被電到肯定很難受，自然會想逃，在實驗設計中，一群狗可以逃開，而另外一群狗則逃不掉，經過幾次的「訓練」後，那些逃不掉的狗一聽到鈴聲響起，即便沒有受到電擊，還是會哀嚎。

　　實驗的第二個階段，塞利格曼把所有的狗都放到可以輕易逃脫的環境，再響起鈴聲，這時，原本能脫逃的狗狗一聽到鈴聲就跑了，但那群原本逃不走的可憐狗狗聽到鈴聲時，還是直接趴下來哀嚎，連嘗試逃跑都沒有。

　　塞利格曼發現：無法脫逃的狗狗，因為自認為無法避免被電擊，而喪失了鬥志。即使外在環境後來改變了，牠們仍舊展現出無助的行為，他將這種情況稱為「習得性無助」（Learned helplessness）[2]。

　　動物會習得性無助，人類更是如此。舉個簡單的例子：如果一個小孩學習時不斷被責罵：「你怎麼這麼笨！這麼簡單的

題目你都不會！」當他長大後，即便成年，再一次看到考試題目，內心可能會充滿不好的感覺，壓在這種無助感之下，他很可能雙手一攤，直接說自己不會。

我們會形容這種人「沒自信」、「悲觀」、「負面消極」，但背後的心理原因往往就是「習得性無助」。

你認識這種人嗎？他們是否常常會說「無論我做什麼都沒用」這類的話呢？

「習得性無助」不知抹殺了多少人才，阻擾了多少社會發展；如果你覺得自己無法逃離苦海，你還會積極改變嗎？許多社會的問題和負能量，都來自於無能為力的無奈和無助感。

但在 1960 年代的研究中，塞利格曼也看到了轉機：他發現，無論是狗、猴子，還是人，都有大約三分之一的實驗對象不容易陷入習得性無助狀態，當環境改變時，他們也會跟著改變，快速找出脫離困境的方法。

他們的「免疫力」從何而來呢？

其中一個關鍵，在於這些實驗對象「是否曾經克服挫折」；如果他們曾經透過自己的行為克服了困境，即便之後被放在不可控制的狀態，也比較不容易出現習得性無助，這種經驗在生命中越早發生，效果越強。

---

② 你也覺得這個實驗很殘忍吧？的確，塞利格曼博士自己也承認，當年做這個實驗讓自己很難過；以現今的學術研究道德規範，這種實驗已經不可能被批准了，而塞利格曼博士本人也因此有了很大的心態轉變。接下來，你將在這本書持續與他相遇！

　　早年克服挫折的經驗，能夠幫助我們成年後對抗不可控的挑戰，這個發現，對幼兒教育是多麼重要啊！

　　就在塞利格曼定義「習得性無助」整整 30 年之後，他宣布：樂觀的心態，也是可以學來的！相對於 learned helplessness，這就叫作 learned optimism ──習得性樂觀。

　　要了解習得性樂觀，我們可以把生活中所碰到的任何挫折，分為 ABC 三個部分[③]：

　　A 是 Adversity，**挫折、挑戰、不如意的遭遇。**

　　B 是 Belief，**對 A 的自我信念與心態。**

　　C 是 Consequence，**因為 B 而採取的行動或後果。**

　　舉例來說，兩個人去考試，都考了 50 分，「考不好」這件事，就是他們的（A）挫折 Adversity。

　　其中一位是悲觀者，他跟自己說：「我怎麼那麼笨！」「我總是考不好，以後完蛋了！」「我就是無能，試了也沒用！」這樣的解釋方法也就是他的（B）信念 Belief，是「個人的」、「永久的」、「無法控制的」。於是他跑去酒吧買醉，回家把書全扔了，還跟家人大吵一架，這就是（C）後果 Consequence。

　　另外一位是樂觀者，他跟自己說：「這次誤判了考試範圍！」、「我沒有做足夠的準備！不過下次就知道了！」

　　差別在哪裡？樂觀者不會怪自己是傻瓜、是笨蛋，而是會檢討哪裡沒做好。他認為這樣的挫折是「一時性」的，也相信這種狀況是「能被改變的」。於是他給自己更多的時間，做了更好的準備，再次上場應戰。

　　兩人的 A 是一樣的，因著 B 的不同，而有完全不同的 C，接下來人生走向也很可能截然不同；現在，讓我們拿出筆記本，把 ABC 套用在自己的日常生活上吧！

---

③ 這個ABC論述法由20世紀心理學大師阿爾伯特・艾利斯（Albert Ellis）提出，屬於他發明的「理情行為治療法」（rational-emotive behavior therapy）的基石。

Action行動練習3
關鍵在信念

　　許多人遇上挫折，都會「成見在先」，但「衝動後果」令人遺憾
──這樣的 ABC 可能變成迴圈，導致你每次遇到同樣的事情，都得到
不好的後果。該怎麼樣去避免這樣的情形呢？

　　在 ABC 三個階段，關鍵在於 B（Belief），亦即你的著力點。樂
觀者也許跟悲觀者一樣，遇到難題時會有不好的反應，但樂觀的人可
能稍等一下，給自己一個緩衝時間，多想幾個不同的角度；同時他們
深深知道，出於負面情緒而衝動行事，往往沒什麼好結果。

　　B 不好，C 也不會好。

　　轉念不是欺騙自己，而是選擇偏向正面處理事情的態度，不知不
覺，事情便會比較順利，腦細胞也少死一些，這種「好心情」其實滿
值得慶祝一番，才不會念頭一轉，突然覺得自己吃虧。

　　ABC 三個階段分別代表 Adversity、Belief、Consequence；重點
不是那些字，而是透過這三個步驟，好好思考生活中最近的不如意，
在這一講的練習中，請簡單寫下你的答案。

重新學習ABCs

A 面對挫折 Adversity

回想一下，最近讓你不開心的一件事？

B 反思信念 Belief

碰到不好的事情，我們會找出責任歸屬，但我們未必總是公平的，可能帶著成見判斷。這件事發生時，你心裡的「自我對話」是什麼？

C 考慮後果 Consequence

你後來的處理方法是什麼？你第一時間採取了什麼反應？那跟你的成見與信念
有什麼關係？

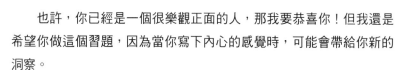

　　也許，你已經是一個很樂觀正面的人，那我要恭喜你！但我還是
希望你做這個習題，因為當你寫下內心的感覺時，可能會帶給你新的
洞察。

　　完成 ABC 階段練習後，你覺得 A 有辦法改變嗎？太多人都卡在
希望改變 A，糾結在改不了 A，因為事情已經發生，你沒辦法時空旅
行、回到過去啊！這樣的糾結，只是在消耗自己的能量。

　　關鍵在 B 這個階段，這也是習得性無助所存在的地方。

　　雖然「本性難移」，但其實你是有選擇權的！既然事情結果和你
的心態有絕對的關係，決定未來的槓桿點也在於 B；透過這個練習，
很容易看出不同的心態如何導致不同的後果。

第四講
轉念，就轉運

　　經典國片《父後七日》的經典台詞：「我幹天、幹地、幹命運、幹社會，你又不是我老爸，你管那麼多！」曾經跟朋友發牢騷的你我，聽到這句話，肯定會心一笑。只是，抱怨之後呢？上一講，練習了 A 面對挫折、B 反思信念、C 考慮後果，我們有沒有更簡單的方法，幫助自己在生活中轉念呢？

　　有句名言：「命運不等於你的遭遇，而是你如何看待你的遭遇。」悲觀與樂觀者的命運真的差很大，樂觀者比較長壽、健康；反之，悲觀者在心理和生理上都較容易出現各種問題。

　　如果你的過去經驗，使你習得了一些無助感，如果命運對你的不公平，讓你成為了偏向悲觀的人，我要說：是啊！life sucks! 生活真的不好過！但如果有人偷偷問你：有辦法讓自己好一點，哪怕只有一點點，你會願意試試看嗎？

　　在第三講中，我們介紹了 ABC 理論，再複習一下：A 是挫折，B 是信念，C 則是行動成果──後來，積極心理學之父塞利格曼改良了 ABC 理論，加入了 D 跟 E，ABCDE，這口訣是不是還挺好記的？

D 是 **Disputation 爭辯**。也就是與自己的既有成見爭辯，如果你覺得跟自己爭辯有點太衝了，也可以將其解讀為「反思」，想想其他的可能性，讓自己跳脫原本的迴圈。

E 是 **Energization 能量化**。這個意思是，當你一旦跳脫原本的迴圈，重新獲得希望和能量，便能夠善用這樣的能量採取行動，創造改變，這也可以說是把原本消耗內心的負能量（例如憤恨）轉為有建設性的行動力。

A → Adversity	挫折，或挑戰。
B → Belief	對這件事情的成見與心態。
C → Consequence	採取的行動或後果。
D → Disputation	反問、反思其他的可能性。
E → Energization	跳脫迴圈、迎來希望，重新充滿能量。

還記得上一講一開頭，我們提到了「習得性無助」，要是你曾經在學習數學過程中被打擊，覺得自己的數字感就是不好，今天一旦老闆要你幫忙分析銷售數據，你一時不知道從何下手，這是「A 挫折」；而你始終自認為數學不好、肯定看不懂，這是「B 成見」；最後選擇自我放棄，老闆對你的信任也可能打折，這是「C 後果」。

自怨自艾後，不妨問自己：老闆要我幫忙分析銷售數據，

我真的看不懂嗎？那其他同事會嗎？我可以請他們教我嗎？抑或是，我可以上網求救？會不會其實沒有想像中這麼困難？如此一來，你就有機會跳脫既有的定見。

同時，你也要恭喜自己這麼想：「對嘛！任何問題都是能夠被解決的！」然後採取行動，去請教同事，或是上網查資料，一旦原本的難題得到進展，你通常會更有成就感；記得，再一次鼓勵自己：「你看，這樣做，就是比較積極正確樂觀的方法！加油！」

當你時常使用 ABCDE 技巧來思考、面對挑戰，有助於消除壓力，並且減輕焦慮和負面行為。不要小看這套訓練系統；連美國軍方都請塞利格曼博士做顧問，把這技巧列為軍人必要的心理調適訓練，成效相當顯著[1]。

此外，ABCDE 理論對於兒童來說也是非常好的教育方法。如果能夠在孩子碰到挫折時，用 ABCDE 架構，讓孩子學習面對困境，他就有機會更早鍛鍊出靈活的思考，也能提升 EQ。

我一位在美國生活的朋友，之前帶兒子去學溜冰，這位小男生不小心滑倒，剛好跌倒在一位小女生面前，小女生笑著扶他起來，小男生非但沒有道謝，還立刻甩開小女生的手，跑回父母懷裡。

---

[1] Mental health program uses positive psychology to train Army soldiers [Press Release], American Psychological Association, accessed September 18, 2011, http://www.apa.org/news/press/releases/2011/01/psychological-resilience.aspx

　　我朋友就問他兒子：怎麼沒跟人家說謝謝呢？孩子說：「她在笑我！別人都在笑我！我不要溜冰了！」於是他抓住兒子的手，雙眼對視，柔聲反問：「她笑，搞不好是因為想跟你當朋友呢？有一天當你成為溜冰好手，如果看到有人跌倒，你過去扶他起來時，是不是也會對他微笑呢？」

　　「你去跟她說聲謝謝，我想她會很高興的！人家都扶你起來了嘛！」起初，他兒子心不甘情不願，但後來還是說了謝謝，小女生的父母親也讓女兒教這個小男生溜冰；我朋友在溜冰練習後，大大讚賞兒子的勇氣，當我朋友在教育中，加入了 D 的元素，和兒子一起反思各種可能性，之後對兒子的獎勵便是 E 能量的展現。

　　那一刻，ABCDE 完成了一個正向迴路。

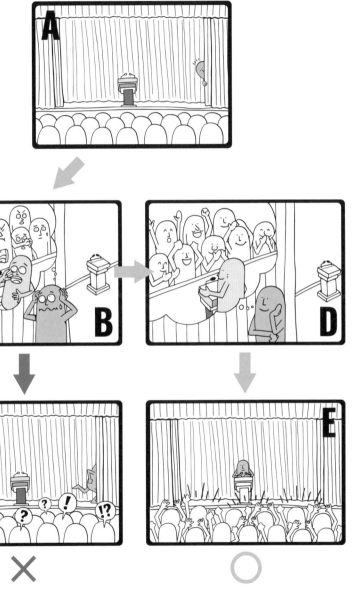

Action行動練習4
小改變，大躍進

　　過去，我曾在紐約擔任過 DJ，當時因為小有名氣，變得有一點點自負，不願輕易打碟放歌，生怕自己隨便出手會有失身價。但在那段時間，卻是我進步最慢的時候，後來經朋友提醒，我開始嘗試許多新的曲風，並且充分利用每一次登台機會，也因為如此，我才能夠讓自己的技巧更上一層樓，接了許多大型活動。

　　你呢？想要改變的事情有什麼，其實很簡單，勇敢踏出去學習吧！試著調整自己的心態，能讓自己樂於接受改變，樂於接受挑戰，成為一個有能力又有動力的樂觀人。

　　改變，可以是一件微不足道的小事，重點是逐步累積，我希望你盡可能嘗試，看見自己的成長。

ABCDE轉念法

第一步：察覺自己的狀態

先敘述一下：最近發生了什麼事，讓你現在的心情不好？簡單寫下狀況，包括當下的心情。

第二步：敘述內心的立場

試試看：你是否可以用「該」或「不該」的一句話，來形容你目前所遇到的問題？

> 譬如：我不該答應他的邀約！
>   我該結束這段感情了！

我們心中的糾結往往來自於對現況的不滿，因為事情「應該」怎樣，或是「不應該」怎樣。這句「該」或「不該」應該表現的，是你的立場，這也代表了你的 Belief ——對於這件事情的價值觀與看法。

第三步：思考後果

設想一下：根據你心中的感覺，你會怎麼做？

> 譬如：我很沮喪，想去餐廳大吃一頓。

如果你說「我什麼都不會做，我只會
生悶氣，或自己默默忍受」，也就請
這麼寫。這步驟是為了讓你察覺自己
的心態與心情和行動的關聯。

第四步：反過來看看！

現在，請你把第二步寫的那個「該／不該」句子逆轉，如果原本是「該」，就重寫為「不該」反之亦然：

> 譬如：「我不該答應他的邀約！」改寫為「我該答應他的邀約！」
> 　　　「我該結束這段感情了！」改寫為「我不該結束這段感情！」

第五步：轉換內心能量以採取行動

你一定會覺得這麼做很莫名其妙吧！先不要放棄，繼續做下一步：請為你寫下的這一句話，尋找各種可能合理的解釋。

拿「我該答應他的邀約！」為例：「我該答應他的邀約！因為……」……這是個很難得的機會。……參加活動的人都是我想認識的。

這就是 ABCDE 裡面很關鍵的 Disputation——你正在與自己「思辨」。請用條列的方式寫，寫得越多越好。

　　一般來說，我們不會這麼按部就班地思考事情，所以用 ABCDE 這個技巧，即使不總是能夠提供絕對的答案，但起碼也會讓我們考慮比較多的角度，並且把情緒、立場和現實狀況分開。

　　當你有機會與自己思辨後，你很可能發現：原本的負面情緒少了許多，還是會有點脾氣，你也多了一點能量，不再那麼進退兩難！如果一天到晚都在生氣，卻憋著無法發脾氣，那不只是心理上的「內傷」，更會傷害自己的身體。

　　這時候，你可以回去看一看 ABCDE 當中的「D 自我思辨」（Disputation），問自己：我可以把能量從糾結的狀態轉到哪一個重點呢？舉例來說，如果你認定：「來參加那場活動的人都是我想要認識的」，那就把精神放在準備好自己，以最好的狀態赴約，把握機會多認識你想要認識的人吧！

　　如果你能夠經常練習 ABCDE 轉念法，你會發現：這些自覺和思辨能力會變得越來越自然，你也會越來越知道如何把一些「無濟於事」的情緒能量，轉為具建設性的行動。

第五講
讓心動起來

　　行為背後的動機往往耐人尋味，這一講，我們將運用「目標理論」分析行為背後，是希望做好、做滿？還是一心想表現給他人看？不同的動機，會導致不同的行為，導致不同的結果，學會分析框架之後，面對未來的各種選擇，也許會更清楚。

　　前一陣子去士林逛街，在夜市附近發現某家店大排長龍，客人沿著馬路排了上百公尺，他們不是在排隊等小吃，而是等著搶購限量球鞋。

　　如果你訪問排隊的人，為什麼會願意為了一雙鞋等這麼久，排這麼長的隊？他們可能會給你各種不同的答案：

　　「這是 Yeezy Boost 350 V2 啊！說不定運氣好還能搶到 Blue Tint 款式呢！」

　　「我老公快過生日了，我知道他一定會很喜歡，想給他一個驚喜！」

　　「我就是個球鞋控啊，這最新的限量款，穿在腳上就覺得走路有風！」

　　「轉手賣立刻賺啊！」

　　「我看到大家都在排隊，應該東西還不錯吧！」

　　每個人都有不同的動機，有些我們可以理解，有些可能會讓我們內心翻個白眼——「蛤！這是你願意站在太陽底下 3 個多小時的原因？有沒有搞錯？！」

　　買鞋子是一個下午的事，但談到人生規劃，動機更是不能小覷啊。人生不是只有被動等著事情臨頭，我們也要主動爭取、設計、實踐我們要的生活，是吧？那內心的驅動程式又是什麼呢？努力的動機又是什麼呢？

　　上一講談到了心態如何影響我們面對挫折的方式；在第五講，我們來談談心態與動機如何影響我們的主動選擇。

　　人的動機很複雜，以前，很多人想學醫，多少成分是因為樂於救人？多少是為了高薪和社會地位？

　　現在許多年輕人想創業，多少是為了使命和願景？多少是為了發財？多少是因為嚮往新創團隊的 lifestyle，想要自己當老闆，不再聽人使喚？

　　也許，我們內心的動機，連自己都搞不清楚；但我必須說，做重大的人生決定前，最好捫心自問：

Why am I doing this…「我這麼做，究竟是為了什麼？」

　　請你盡可能誠實地回答這個問題，如果你對自己都不願意說實話，那有一天，當你變得連自己都不認識的時候，也就不要覺得奇怪。

　　心理學的「目標理論」（Goal Theory）將人們的動機用兩條軸線來定位，我們來試試看：請你在一張紙上，畫兩條對角

的直線。在一條線的左右兩段，寫上「自我」跟「任務」；在另一條線的上下兩段，寫上「趨近」和「迴避」。

　　第一條軸線「任務 vs. 自我」：在「任務」的極端，一個人的動機純粹是因為對事情感到熱中，或是為了他所服務的對象，而不考慮到自己；在「自我」的極端，動機則完全自私，所做的事情只是為了滿足自己的某種需求。

　　第二條軸線「趨近 vs. 迴避」：「趨近」是比較主動積極的行為，例如為了完成學位而去報名課程；但並不是所有的動機都是積極的，我們可能跟著排隊因為「不想錯過機會」，也可能為了「不要落伍」而去逼自己學一個新的技能，這些就算是「迴避」的動機。

　　於是，我們可以把各種行為和動機放在這兩條軸線之間，看看是偏在哪個象限。你也可以試試看，回想最近做過的一些事情，你做決定當下的考量是為了自己好，還是為了做好某件事？你的決定是為了趨近理想目標，還是為了避免擔心的事情發生？

　　想必每一個決定都是複雜的，可能有一部分為的是自己，又有一部分是為了做好事情，但捫心自問，還是有「偏向」某一邊吧？你可以在紙上按照這兩個軸線來「定位」你過去的這些決定，然後再來看看是否多半落在某一個象限中。

◎你做事情的動機是哪一種呢？

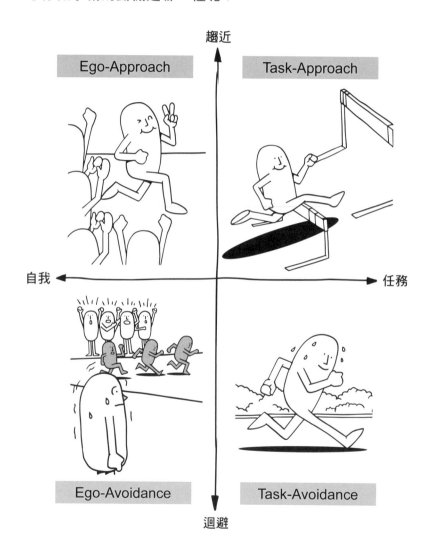

接下來，我們來認識這些象限組合。

「**任務—趨近**」（Task-Approach），這樣的動機會讓人為了精通某件事而主動練習，並重複嘗試，能夠徹底做好一件事，本身就是動力；教育學者認為，學生在這種狀態下求學的效果最好。如果你的動機多半都在這個象限裡，那你的心態應該比較積極上進。Good for you!

「**任務—迴避**」（Task-Avoidance），代表一個人會意識到為了做好某件事，為了完成一個任務，而必須割捨其他不相干或讓自己分心的事情。如果你的動機多半在這裡，那你可能覺得自己平常要很努力才能達成目標，也可能會比較常感受到壓力，自律是好的，不過在瞬息萬變的現代社會，我們也要靈活拿捏，不要讓自己因為執著在某個目標上，錯失了眼前其他的好機會。

「**自我—趨近**」（Ego-Approach），這類的動機，會讓人選擇去做一些出鋒頭、炫耀的事情，它可以是很強的動機，而動力來自於渴望建立自己的地位，或是為了好強心，如果你做事情的動機多半落在這裡，可能會覺得自己有時候很有活力，但少了掌聲和舞台，或是別人監督時就會興趣缺缺。也請小心自己的言行，不要因為爭鋒頭而在無形中傷害了別人。

「**自我—迴避**」（Ego-Avoidance），這就是當人為了要維持一個好形象，而去避免挑戰，或選擇比較不會讓自己出糗的機會，如果你的動機多半在這個象限裡的話，會比較可能感到

「卡卡的」，有種伸展不開的感覺，思想和行為也比較容易消極，這時候，你可能要問自己是否太執著於完美的標準，反而不敢去挑戰夢想，不願面對挫敗？

　　用這張圖來檢視自己的生活、歸納內心的動機，可以從中洞察自己的心態。舉例來說，如果你發現最近做的許多事情都落在「自我─迴避」這個象限中，或許要問自己：是否外界的一些壓力，讓我感到信心不足？我是否為了要保護自己，而迴避了該做的溝通，現在，是不是該為「對」的事情發表真心意見？

　　我們在決策、學習時，必須深入了解自己：為什麼我會做某些事情；又是為什麼不去做其他的事情呢？

　　人生不是非黑即白，我們做事本來就有很複雜的考量，有時候自私一點，有時候大愛一些；我們的動機也可能會隨著年齡和生活歷練而改變。就像有些人年輕時非常自私自傲，後來有了戲劇性的轉折而「開悟」，隨之投入善事，個性和為人都有了180度的轉變；有些人一開始很善良，但因為某些遭遇而變得憤世，在任何一個當下，孰是孰非從來不是絕對。

　　你我都是一個正在自我塑造的未完成品。

　　我相信，人是會改變、會成長的，而自我實踐和力求進步也是人的基本需求。我們不需要為過去感到愧疚，而是要對當下好奇一點，誠實面對自己，搞清楚內心的動機，你會發現生活「順」很多。

Action行動練習5
你是屬於什麼樣的心態？

接下來，我想邀請你完成一份心理測驗，結束時你會得到一個分數，做完測驗後，翻到下一頁，我將告訴你分數所代表的意義。

測試你的心態思維

透過以下幾個小問題，請以直覺勾選，沒有正確答案，只需誠實面對自己的內心。

1. 你天生就具備一定的智力和天分。

　　　　　　　　　　□ 是的　　□ 可能吧　　□ 不是的

2. 智力可增加或減弱，取決於你有沒有花時間去活動你的大腦。

　　　　　　　　　　□ 是的　　□ 可能吧　　□ 不是的

3. 你可以學習新的東西，但無法改變你天生具備的才能。

　　　　　　　　　　□ 是的　　□ 可能吧　　□ 不是的

4. 學習新東西的過程可以增進你的智力。

　　　　　　　　　　□ 是的　　□ 可能吧　　□ 不是的

5. 天賦與才能是你先天具備的，不是透過後天培養的。

　　　　　　　　　　□ 是的　　□ 可能吧　　□ 不是的

6. 如果你持續練習一項技能夠久的話，你就能培養出屬於這項技能的天分與才能。

☐ 是的　　☐ 可能吧　　☐ 不是的

7. 人們會精通某項技能，很大的原因是因為他們天生就對這項技能有天賦。

☐ 是的　　☐ 可能吧　　☐ 不是的

8. 人們會精通某項技能，是因為他們花很多時間去練習，不論天賦高低都是如此。

☐ 是的　　☐ 可能吧　　☐ 不是的

寫下你的分數

_____ 分

計分方式：

第一題：選 1 得 0 分，2 得 1 分，3 得 2 分
第二題：選 1 得 2 分，2 得 1 分，3 得 0 分
第三題：選 1 得 0 分，2 得 1 分，3 得 2 分
第四題：選 1 得 2 分，2 得 1 分，3 得 0 分
第五題：選 1 得 0 分，2 得 1 分，3 得 2 分
第六題：選 1 得 2 分，2 得 1 分，3 得 0 分
第七題：選 1 得 0 分，2 得 1 分，3 得 2 分
第八題：選 1 得 2 分，2 得 1 分，3 得 0 分

總共 16 分，8 分以上是成長型心態，以下是固定型心態。

　　你拿到幾分呢？如果你拿到的分數高於 8 分，那代表你偏向「成長型心態」；如果你拿到的分數是低於 8 分的話，那你則是偏向「固定型心態」。

　　根據史丹佛大學心理系教授卡蘿‧杜維克（Carol Dweck）的「內隱智力理論」（Implicit Theory of Intelligence），人的動力會受到自己對於「智力」本身成見的影響，這會導致兩種不同的心態產生，也有截然不同的思維[1]。

　　擁有「固定型心態」的人，比較關注於自我，出於保護自我，他們易於躲避挑戰，他們認為：所謂的特質（例如智力）是與生俱來的，也是難以改變的，而這些特質會與一個人的成功與否息息相關，他們在意昔日輝煌，非常喜歡「話當年」，開口就是「當年我怎樣怎樣、我如何如何」。

　　反之，「成長型心態」的人則比較關注於學習本身，他們認為，可以透過「練習」培養新能力，所以熱愛學習，勇於面對挑戰，對他們來說，生命是一趟充滿探索的旅程，有無限的機會去精進。

　　仔細想一想，你有多少時候，做某些事情是為了讓自己感覺良好？又有多少時候，你不去做某件事情（接受挑戰），是為了避免丟臉呢？固定型心態、成長型心態是「程度上的差別」，你可能在某些事情上面，偏向固定型心態，而在某些事情上面，比較偏成長型心態。

---

[1] Dweck. C.（2007）*Mindset: The new psychology of success*. Ballantine Books.
　　卡蘿‧杜維克，《心態致勝：全新成功心理學》，天下文化，2017年3月。

那麼問題來了，我們要怎麼去培養「成長型心態」呢？其實最簡單，也最直接的方法，就是去相信，並且去「嘗試」與「練習」，甚至去「失敗」，重點是，能夠從失敗中學習。

卡蘿 · 杜維克教授建議，不論是領導人、父母或教師，都該鼓勵人們做出「嘗試」，並且給予正向的回饋——要懂得去讚美自己，同時也要去讚美別人。讚美什麼呢？不是讚美這個人非常聰明或讚美他的才能，而該讚美這個人在挑戰與學習過程中的努力、嘗試與進步；並且讓他們知道「過程，是非常重要的」。

透過這套理論，卡蘿 · 杜維克跟一間大學合作開發了一套線上學習數學的遊戲，一般的數學遊戲會在你答對的當下給予鼓勵，但這套線上遊戲特別的是，會鼓勵孩子參與的過程。結果發現，相較於玩一般數學遊戲的孩子，這群孩子更努力、更專注也更認真，甚至真正面對困難問題的時候，也會更有毅力，比較不會直接放棄。

同時，「成長型心態」的教學方法被運用於更多教育層面——在美國，原住民所在的區域，或是非裔美國人的區域，這些地區的小孩子長期以來功課表現相對不好，所以不少人認為情況難以翻轉，但神奇的是，透過這個方法，改變真的發生了。

在美國的偏遠地區的小學，因為採用了「成長型心態」教學，一年之內，這間學校的學生於全國考試的平均表現達到了前 5%；而這些小朋友中，甚至有人剛剛到學校的時候，還不知道鉛筆要怎麼拿呢！

我們不但看到這個理論的證實，也看到了訓練的功效；這樣的例子，一而再、再而三顯示了：我們的心態是有辦法改變，我們的能力可以培養。

　　透過第一講到第五講，我們發現：心態可以是悲觀或樂觀的，也可以是僵固或成長──一切取決於你自己的選擇。接下來，請持續在生活中多觀察自己，並思考生活中每一個決定，背後的動機是什麼？時時去問自己：為什麼我會這麼做？多思考一下，會讓你更了解自己。

　　理解，並接受，就是改變的開始。

劉軒說

想知道更多？

掃一下 QRcode，觀看卡蘿‧杜維克 TED 演講「相信你能進步的力量」。

http://bit.ly/caroldwecktedtalk

「人生如戲」是老生常談，

想像自己是一位說書人，站上舞台，

該怎麼把自己出演的人生劇本說得漂亮、說得精彩？

更積極一些，同時用自己的故事點亮周圍？

不用花費「十年功」，只要心理學的知識與小技巧，

就能幫助你順利出演，準備好了嗎？

Cameras ready, prepare to flash!

第六講
人生就是腳本

　　要積極面向未來，是不是要拋開過去的包袱？把未來想像成火箭，要衝破大氣層，過去的經驗其實是重要的燃料。這一講，我們將檢視自身的過去，先從「說故事」開始練習。

　　大家應該還記得大學的日子吧！讀書只是一個部分，其實大部分的時間，我們把精神放在其他方面，比如說……談戀愛。

　　我也不例外！我曾經迷戀過住在同宿舍的一位女同學，超喜歡她的；但當時我們只是朋友，說「朋友」都還是好聽一點，更直白地說，我比較像「工具人」。

　　男生應該都不想淪為工具人，要我乖乖領好人卡，實在不甘心。我陷入進退兩難的局面；於是，我向一位心理系學長求救，這位學長可是系上赫赫有名的「情聖」，他也欣然接受了我這個「諮商專案」。

　　我們約在宿舍餐廳，讓他可以做個敵情調查，當學長見到那位女生，也跟我聊了一番，只見他點點頭，神祕莫測地說：「我懂了。」

　　我又急又喜問：「你懂什麼了？」

　　「她對你有好感，但你太客氣了，只跟她聊一些無關緊要

的事兒。」他說：「你跟她也算熟了，可以直接切入正題。」

「你說，問她是否對我有興趣？」

「不是啦！正題是她，又不是你！她想要一個能夠交心的對象，但你只會在她面前說一些不著邊際的話，難怪沒進度！」說著說著，他突然停下來，彷彿做了一個很重大的決定：「好吧，我教你一招，這招無往不利，是我的祕密武器，別洩漏出去！」

「沒問題！我該怎麼做？會很難嗎？」

學長起身靠近我，壓低聲音，不慌不忙地說：「你找個時間，約她出來喝咖啡，確定就只有你們兩個。先照常閒聊，找一個時機點，然後突然板起臉，直接說：『我不懂妳為什麼要這樣！』她一定會問你：『我怎樣了？』你就接著說：『為什麼一直在犯同樣的錯？』如果她追問的話，你就回她：『妳知道我在說什麼……』」

我聽得一頭霧水：「就這樣？」

「沒錯就這樣！你就這麼演，但一個字都不要多說！」

於是我照著學長的方法，約了那個女孩出來，當時我覺得這方法實在靠不住，但還是硬著頭皮上陣——一開始我們閒聊，聊到一個段落後，我直接對她說：「我真的不懂妳為什麼要這樣子！」

那女孩一臉莫名其妙：「我怎樣了？」

「妳為什麼要一直犯同樣的錯？」

「什麼錯？」

「妳知道我在說什麼。」

那一刻，空氣似乎凝結了，她愣在那裡，眼睛大大的，好像見到鬼似的，接著，意想不到的事情發生了，她說：「有那麼明顯嗎……」

糟糕，學長傳授我的台詞在這裡就沒了！我只好憑感覺回覆：「應該只有關心妳的人才會覺得明顯吧！」

她眼眶泛著淚水，語調降低，緩緩地說：「真有意思，謝謝，你的這句話來得真是時候。」

信不信由你，事情真的是如此發生的，當晚，我們聊了很久，她看我的眼神不一樣了；後來，她真的成了我的女友。

是說學長未免太神了吧！我後來為他辦了「謝師宴」，滿心狐疑的我，忍不住問他：「你怎麼知道這招會中？」

學長答：「其實，我不知道！但老弟啊，幾乎每個人都會有一些重複再犯的錯，這不就是心理學教我們的嗎？」

學長說得沒錯，而且又敢用當頭棒喝的方法直言，他要是當個情界上人，一定會萬人信奉。

「你為什麼總是犯一樣的錯？」這句話應該會擊中多數人的要害。為什麼呢？因為過去的經歷造就了現在的我們，這些經歷形成了內心的腳本，而我們的潛意識會不自主地認同這個腳本，甚至重演腳本，讓我們不知不覺地做出一樣的決定，犯一樣的錯誤，形成不斷重複的因果循環。

這不只是精神分析派的高談闊論，許多心理學理論都有相同的觀察。

比如說，在依附理論（attachment theory）之下，父母親的感情會影響到他們給孩子的安全感，而在缺乏愛和安全感的環境下長大的孩子，也比較容易在自己的戀愛關係中展現依附焦慮，進而讓舊戲重演。

原生家庭給我們的影響是一輩子的。當我們年紀大了，聽到身邊親近的人說：「你怎麼越來越像你媽？」我們可能不想承認，但自己心裡有數。

這有辦法扭轉嗎？當然，你可以找一位心理醫生，花幾年的時間進行對話治療，慢慢抽絲剝繭，找出過去的關係是如何影響了你，不過坦白說，現在誰有這個時間？

我認為，光是能夠察覺到自己正在上演的人生，有可能是以前所定下的腳本，就能夠幫助我們做出更理性的選擇。我們要理解自己從何而來，才能知道該朝哪裡去；進一步來說，我們便能重新敘述、定義自己的人生故事，幫助自己走出舊戲重演的窘境，建立美好的未來。

在這一講，我參考了「敘事治療」（narrative therapy）的概念，我希望你花一點時間，回想過去的經歷，而我也會幫助你重新去構思這些經歷，更深層地了解自己，運用你的過去，幫助你敘述出一個更正向的未來。

你的故事，就是改變的力量。

> ### Action行動練習6
> ## 大衛像為什麼偉大？

　　不久前，我造訪義大利佛羅倫斯美術學院，親眼目睹了舉世聞名的「大衛像」，老實說，第一眼看到這舉世聞名的傑作，我並不覺得哪裡特別；但瞥見旁邊的告示牌解說，我才恍然大悟。

　　大家都知道「大衛與巨人」的故事吧？根據舊約聖經，菲利斯丁派出了一位巨人戰士歌利亞挑戰以色列人，以色列人聞之色變，唯有少年大衛敢與歌利亞單挑。大家都勸他別去送死，但大衛以虔誠的心登上戰場，手上僅拿著五顆石子和一條皮帶，他用皮帶甩出石頭，擊中了歌利亞的額頭，歌利亞應聲倒地，大衛上前割下他的頭顱，高呼勝利。

　　這樣以小搏大的故事，特別受到了當時佛羅倫斯人的喜愛，在文藝復興時期也成了藝術家常運用的題材，除了繪畫、浮雕，不少大師都曾經創作過大衛像，但他們塑造出來的通常是大衛腳踏巨人、高舉頭顱、歡呼勝利的畫面。

　　米開朗基羅則採用了不同的角度。

　　他雕塑的不是勝利的大衛，而是剛登上戰場、即將面對巨人的大衛，他靜靜地站在那裡，重量集中在右腰、右腿，左半身則自然呈現出反向的舒展，雕像軸線因而成了優美的 S 形，身體看似放鬆，但抓著石子的手暴著青筋，仔細審視大衛的臉，他的眼神帶有堅毅、決心，又有點不確定的擔憂，這不是「勝利的過去式」，而是「決定命運的前一刻」。

這種又緊張、又舒緩的衝突與平衡，讓米開朗基羅的大衛像跨越數百年，成為一代經典。

米開朗基羅的大衛像，刻畫了決戰前的氛圍，故事最有張力的時刻，也就是最不確定的時刻。

在這一講的練習中，我要請你寫下你人生最有張力的一刻：「轉捩點的當下」，這或許是你在人生的十字路口，即將要做決定之前；也許它是你生命中最大的打擊或勝利的前一刻──是什麼樣的前因，領你來到那個關鍵？你人在哪裡？心裡是什麼感覺？描述一下吧，這肯定會是個好故事！

人生轉捩點的當下

SETTING 場景

你曾做過最困難的決定是什麼？描述一下你做決定的情境和場景。

STRUGGLE 掙扎

為什麼你覺得這個決定很困難？面對不同選項，你的想法是什麼？

DECISION 決定

最後你因為什麼而下定了決心？

OUTCOME 結果

你下了這個決心之後，發生了什麼事情？你的感覺是如何？

第七講
·說出「你」的故事·

聽到「來自我介紹一下吧」，常常令人頭皮發麻，有些人甚至不知道該如何啟齒；讀完這一講之後，我希望你不再害怕「說自己」，更能夠吸引人「記住你說的故事」——來吧，一起來練習說說自己！

最近，我參加了一場朋友的聚會，聚會上，大家都不太認識彼此，主辦人便請來賓一一自我介紹。你應該可以猜想接下來如何吧？第一個人採用了客氣又制式的介紹方法，接下來每個人也就跟著複製。

「我是劉軒，劉備的劉，車干軒；我在哪裡工作、哪裡出生、哪裡長大、平常喜歡吃什麼……」我開頭之後，第二個人肯定會照著這個模式，輪了一圈之後，我真是快要睡著了。

天啊！真的好無聊啊！

說老實話，我根本誰也都記不住；為什麼這種聚會中，大家的自我介紹總是這麼無聊呢？為什麼我很難記住他們說的東西呢？因為它缺乏了一個最關鍵的要素——故事。

我們都愛聽故事，會說故事、寫故事的人，在這個社會是

非常被需要的，比如名導演、名作家。

　　為什麼故事的力量如此巨大呢？這背後是有科學根據的，腦神經科學研究者發現，我們大腦在聽「一段資訊」跟聽「一個故事」時，有非常不同的運作模式。當我們在聽一段資訊的時候，大腦需要把這些資訊組織成長期記憶，而如果這些訊息沒有一個明顯的脈絡，也就很難被記住──於是，當我們聽制式的自我介紹時，會覺得無聊又沒印象，因為訊息太片斷化了。

　　反之，當我們在聽故事的時候，腦袋會自然進入「敘事」模式，在這個模式中，我們大腦能夠隨著故事而得到身歷其境的體驗，我們會自然地把自己放在故事主角身上，跟著主角共同走過一段故事的歷程。

　　如果故事講得夠好，我們就能感同身受，會和說故事的人一起攀登高山、降落谷底，我們甚至可以感覺到「他」所感覺到的，故事結束後，我們對故事的主人翁仍有深刻的印象。

　　我們認識新朋友、進入新環境時，若聽到發生在「他」身上的某個故事，就更能了解這個朋友一點。

　　然而，讀到這兒，你可能會大喊：「我不會說故事啊！」

　　你甚至可能會自忖：「我這個人就很無聊啊，沒什麼故事好講的！」

　　不是如此的！我們每一個人，只要活著，一定有好故事可以講，相信我，關於自己，每個人至少都有三個好故事可以告

訴大家。在第六講的練習「人生轉捩點的當下」，你不就寫出了一個好故事？如果你願意把故事跟朋友分享、說給別人聽，我可以保證，那肯定精彩！

一個故事要好聽，首先就是要讓人理解：這個主角為什麼做出了這樣的決定？聽眾會透過你描述的情節，理解決定背後的動機，進一步了解說故事的人。

如果上一講的題目改成了「我做過最容易的決定」，那就不好聽了！好聽的故事，要有掙扎，要有衝突，要有風險和不確定性，就像人生一樣。

下一次聽故事時，請特別留意：說故事的人在表達的動機是什麼？因為這個故事，你多認識了他什麼？回過頭來，當你自己說故事時，多去談一些當下內心的感受、掙扎和選擇，保證會讓自己的故事變得更好聽。

Action行動練習7
挖掘自己的故事

　　接下來，我要請你寫下兩個故事，內容不用太長，但是要往內心深處挖掘，浮出腦海的故事是什麼。

　　第一個故事是「這輩子最光榮的一刻」。你為什麼覺得光榮？故事裡，你做了什麼事情？

　　你可能會覺得有點難。有人會說：「我太平凡了，沒什麼光榮時刻！」

　　請盡力想想，若真想不到，那請問自己：「過去這段時間裡，我有什麼事是覺得自己做得『還不錯』的？」

　　另外一個故事，則是你「最有意義的挫敗」。

　　描述一下，發生了什麼事？為何那刻如此低落，又為何它是最有意義的？你當下就意識到它的意義嗎？還是之後？

　　記住，「個人的故事」會有價值，是因為它讓我們理解主角做了什麼決定、為什麼做這個決定、感受了什麼情緒，以及有了什麼結果。

　　故事，就是人生智慧的載體。

來說故事吧

故事 1：我最光榮的一刻

迎接光榮時刻，
想一想自己為此做了什麼決定？
迎來了什麼樣的結果？
有什麼場景讓你印象深刻？

故事 2：最有意義的挫敗

雖然人們不太喜歡回憶失敗，
不過你仍可以思考挫折的原因，
當下的心情是什麼？
有什麼場景讓你印象深刻？

劉軒說

那最有意義的低落時刻

時間倒回到美國 9 月 11 日，雙子星大樓崩塌，揚起的粉塵中，美國從此走向了完全不一樣的路，我的心態也跟著蒙上一層陰影——原先，我計畫在美國紐約一家出版社工作，還到哥倫比亞新聞學院進修了出版相關課程，但當時美國經濟陷入停滯，充滿未知，所有公司幾乎人事凍結，我的人生棋局全被打亂，我只知道我需要改變，但不知道要改變什麼？

2002 年初，提著兩只皮箱的我，落腳台北市的延吉街，走進了倉促租來的小套房，空間裡唯一的「家具」是安放在角落的床墊，唯一的照明是一盞日光燈；那個冬天非常寒冷，套房樓下就是麻辣鍋店，香味一陣陣傳來，惹得我飢腸轆轆，我下樓，往麻辣鍋店探頭，裡面一桌桌圍爐的客人，大家都在團聚，但我只有孤身一人。

於是我走去街角的便利商店，買了一碗泡麵，回到家，才發現沒水壺燒熱水，我又懶得回去店裡，只好把浴室的水開到最熱，用蓮蓬頭沖麵，再用筷子戳開。

我蹲在牆角，吃著那半生不熟的泡麵，聞著濃郁的麻辣鍋底味，盯著那閃爍不定的日光燈，突然意識到人生的荒謬。在那當下，我告訴自己：「Here it is！這不就是你要的嗎？很多年之後，你還是會記住這一刻，因為這就是你的選擇！」

那是個最有意義的低落時刻。

第八講
·健康的心理時間觀·

世間最公平的資源就是時間，但其實人人對待時間的觀點並不一樣，無論是看向過去、活在當下、瞻望未來，我們該如何不被時間困住，讓過去的生命成為未來的養分呢？

這些年來，看著不少藝人的大起大落，我覺得對他們而言，最難受的處境就是「曾經紅過」。

當紅時，走在路上怕被認出來；不紅了，走在路上怕沒人認出你來——以前你的臉就是 VIP 通行證，現在卻得跟把你擋在派對門口的保鑣說：「你不知道我是誰嗎？」要是對方回你：「我真的不知道你是誰……」那實在太糗了。

不只是過氣明星有這種痛苦，很多人也自己卡在過去的回憶中，覺得那時的自己比較風光、比較美、比較有能力，而現在的生活比不上之前……或許他們說的是事實，但你認為這種心態的人，當下能夠快樂起來嗎？

有些人則相反，執著在以前受的委屈，吃的虧，誰冒犯了他，誰對不起他，當年某個錯誤的決定……即便現在已經好多了，但心中永遠有一塊卡在過去，某些記憶一直揪著他們的嘴角。

史丹佛大學教授菲利普·津巴多（Philip Zimbardo）提出了

一個「心理時間觀」（time perspective）理論[1]。他相信，人的時間觀念會影響每一天的決定、判斷和行為。津巴多教授把這種生命時間觀分為五大類：

1. **「專注在過去的悲傷」**（**Past Negative**）。這種人用較為負面的眼光看待生命，認為過去就是一場災難，因為過去的失足導致了後面的千古恨，這樣的人比較容易憂鬱、焦慮，缺乏自信、不快樂、難以控制自己的衝動。

2. **「專注在過去的美好」**（**Past Positive**）。這種人眷戀過去的美好，經常在回憶昔日光陰，相較於「專注在過去的悲傷」這類人，他們可能比較快樂、比較友善，也比較正面，但如果只沈溺於過去，還是會在當下覺得失落。

3. **「專注在當下的享樂」**（**Present Hedonistic**）。這種人沈浸在當下的快樂，從生活中找出值得開心的事情，他們活在當下，也更有活力；然而，他們通常不能控制衝動，容易三分鐘熱度，最糟的情況是有可能沈迷於當下的享樂而忽略後果。

4. **「困在當下的無助感」**（**Present Fatalistic**）。這種人很可能有習得性無助，卡在當下的困境當中，覺得生活諸事不順，也特別容易有焦慮、抑鬱的感覺，比較容易衝動行事。

5. **「專注在未來的可能」**（**Future Oriented**）。這種人總是為了明天思考，所以他們很愛做計畫，很有野心，也很目標導向。這似乎聽起來是最好的心態，但這種人也很可能因為過

於專注未來，而無法享受當下，甚至因此而冷落身邊的親友，為自己帶來過多的壓力。

你認為自己屬於上述的哪一類呢？

我們的大腦都是時空旅人，隨時運用過去的記憶、現在的經驗、未來的期待，來作為判斷和模擬的參考；有人說抑鬱就是對過去的過度執著，而焦慮就是對未來的過度執著，這句話說得很有道理，過度執著在任何一個時空都不好，我們的大腦是靈活的機器，應該保持靈活，才能做適當的應對進退。

知道這五種不同的時間觀後，我們可以訓練自己切換模式，讓時間觀靈活一些。

舉例來說，面對錯誤的決定，與其陷入後悔的痛苦，不如讓自己專注在未來的可能，讓這些懊悔的感受成為未來計畫的動力；要是你覺得人生無助乏味，不妨找一群比較懂得當下享樂的朋友，跟他們學習如何把握身邊隨時發生的美好。

奠基於這些時間觀上，津巴多教授建議：我們需要的是看向未來的雙眼，給自己時間來關注當下，找到讓自己開心的事情，並從自己過去的經驗當中，找到正面的動力。

這就是「健康的心理時間觀」──看向未來，享受當下，在過去的生命中找到樂觀的能量。

---

① Zimbardo. P. & Boyd, J.（2008）. *The Time Paradox: The new psychology of time that will change your life.* Atria Books.

Action行動練習8
讓老故事活過來

「個人故事」往往是已經發生的事情，既然發生了，無論好壞，只能封存於「過去」這個時光抽屜裡；然而，事情沒有別的選擇嗎？如果你希望從過去的故事中，找到望向未來的雙眼、享受活在當下的快樂，讓過去的經驗能夠持續給予你能量，而且是正能量，該怎麼辦到呢？

是有方法的！

你只要回答一個問題：「你如何能夠用這個遭遇所給你的學習，在未來幫助其他的人？」說到這兒，你應該就明白，這次的功課將由你執筆，重新對焦，把「過去」轉向「未來」，也許能讓你用更正面的眼光，看待過去的遭遇，這樣，你就可以讓過去的故事活過來。

請你在上一次練習所寫的兩個故事當中，各加上一個段落，回答這個問題：「我要如何運用這個故事帶給自己的教訓／能量／智慧，來幫助現在和未來的朋友們？」

這樣的練習不太容易，但如果能夠順利回答這個問題，可能會為你帶來很強的人生意義感。我鼓勵你試試看吧！

重新對焦過去

練習 1. 光榮時刻的幫助

我要如何應用過去最光榮的這一刻，幫助身邊的朋友？

練習 2. 挫敗經驗的鼓勵

我要如何運用最挫敗的經驗，來鼓勵我現在身邊的人？

劉軒說

挫敗經驗之後

回到第七講裡那充滿麻辣鍋味的房間，旁觀那個年輕人「劉軒」，是否像一隻可憐蟲？

Here it is！這就是你，劉軒的選擇。

心態一轉變，原先的「自我可憐」淡去，我開始跟著台北人一起擠公車，越擠越爽──未來，你們也許會有這麼一天，窩在牆角，看著搖搖晃晃的日光燈，享受失意的一幕，但人生可以從這一瞬間重新開始。

順帶一提，說個很不政治正確的笑話，在我結婚、擁有兩個可愛的寶貝後，偶然間跟朋友聚會，一位朋友感慨：「劉軒，你應該要感謝賓拉登……」我當下聽了傻眼，他分析，若沒有 911，我也不會回到台灣，更不會認識我的太太，更遑論養育兩個孩子……

挫敗可以是超級糾結的事，但換上不同的濾鏡，其實塞翁失馬，焉知非福？回到台灣，這個充滿麻辣鍋味的小房間，如今回味，越陳越香。

第九講
把平凡當成新的起點

　　你會害怕幸福嗎？其實，我們怕的不是幸福本身，而是幸福開始消逝，我們不確定人生會不會因為現在太幸福，接著就開始不幸了——於是，重新設定（reset）格外必要。現在的人生低點，多年以後也許會如蜻蜓點水一樣，消散無痕。

　　最近聽到了一首很有意思的歌，叫作〈害怕幸福〉，大意滿有趣的：「害怕幸福，因為怕幸福有一天會讓人糊塗，甚至把自己困在進退兩難的峽谷①。」

　　我心血來潮，上網搜尋了有關「害怕幸福」概念的歌詞，結果真不少，包括「你害怕幸福短暫一秒就崩落②」、「誰都害怕幸福只是一瞬間，時光靜靜流逝留不住③」等。

　　我這才發現，原來大家真的好害怕「太幸福」，怪的是，幸福不是每一個人所追求的嗎？為什麼得到了幸福又會害怕幸福呢？

---

① 歌曲〈害怕幸福〉，由李日詹演唱，許世昌作詞，張簡君偉作曲。
② 歌曲〈安靜了〉，由S.H.E演唱，任家萱作詞，周杰倫作曲。
③ 歌曲〈流逝〉，由周傳雄演唱、作詞、作曲。

幸福是一種對當下的滿足感，這個滿足感的前提是明天還能夠繼續幸福。如果你和最愛的人共度著放鬆的時光，卻知道後天將會有颱風來襲，或戰爭即將發生，還是會感覺幸福嗎？

不會吧！

名導演希區考克對幸福的註腳是「一個清朗的地平線」（A clear horizon），他說：「你的盤子上，沒有什麼好擔心的，只有創造，而沒有消蝕！」（Nothing to worry about on your plate, only things that are creative and not destructive and that's within yourself.）

說得多好啊！在你的「盤子」上，沒有太多事情要煩惱，幸福感便油然而生，這種乾淨明亮的感覺並不難理解。

試想，你到峇里島度假，第一天造訪的時候，忍不住大喊好幸福啊，等到要回去工作崗位的一天，就算看著無敵夕陽，也可能忍不住惆悵。

有很多人看待自己的生活，幫人生造句，以「曾經」開頭：說自己曾經很有錢、曾經是校園風雲人物、曾經擁有美滿的婚姻；轉折語加上「但是」——當幸福的時間過去，自覺人生一步步走向谷底，當下還會有動力追求幸福嗎？

回顧自己的一生，有些過往的挫折當下，你可能會覺得「完蛋了」，但從現在回頭看，應該會發現那些挫折也沒太嚴重，說不定還因此開啟了另外一條路。

無論如何，我們都活過來了。

　　電影編劇撰寫故事時，特別講究「故事弦」（story arc）。故事弦就是劇情發展過程中的起承轉合，按照多數電影的「三幕劇」（three act structure），一個故事需要鋪陳、衝突、解決。

　　從鋪陳（exposition）出發，電影編劇開始說明主角是誰？時空背景是什麼？即將登場的衝突又是什麼？緊接著，衝突（conflict）迸發，可能是主人翁踏上冒險之旅，或者是角色之間的鬥法，隨著戲劇推進，張力也跟著升溫；最後，則是解決（resolution），無論是圓滿合家歡大結局，或是悲劇落幕，主角無論是成長或墮落，都緊扣觀者心弦。

　　不僅多數電影採用這樣的「三幕劇」結構，身為觀眾的我們也樂於接受三幕劇的鋪陳，習慣故事在結尾該有個高潮與和解——問題是，我們自己的人生故事發展並不會這麼剛剛好。

　　此刻，你在人生當中的高點，還是低點呢？猜想，我們每個人應該都希望走到最後，剛好是在人生的高點；但我們都是凡人，無法預測未來，永遠不知道身處人生故事弦的哪一個位置。

　　這時候，你不免會擔心：

　　「現在的幸福，難道會是我這輩子的高點，之後要走下坡了嗎？」

　　「我是不是一輩子就這樣了？沒什麼精彩、沒什麼特別，平淡無奇的淡出（fade out）、上字幕？全劇終？」

　　這也是為什麼我們會害怕幸福！因為我們不知道幸福能維持多久，甚至未來是否還有成長的空間；我們甚至會在幸福的

同時就開始未雨綢繆，在大晴天給自己畫一朵烏雲。

其實你也可以這麼想：現在的你，正是上一個故事的結束，下一個故事的開始。

英文的「畢業典禮」這個字是 commencement，但查字典，會發現這個字有別的意思，是「一件事情的開始」。

我一直覺得這個字太有智慧了！畢業典禮象徵的是結束，同時也是下一段人生的揭幕；這不正是人生故事嗎？

我們期待幸福是一成不變的，實際上，幸福感就是需要改變才能維持。想想：最無聊的故事是什麼？就是「一成不變」，如果主角從頭到尾都沒有改變，劇情都是一樣，那肯定放映到一半，戲院觀眾都要走光了。

而由人生去演繹出的好故事，除了要有平淡到登峰的故事弦，還需要挫敗、挑戰、改變；只要開始挑戰、尋求一些改變，人生就會更有弧度、更有深度。

那麼，要怎麼在生活中創造改變呢？你可以刻意給自己設計一些挑戰和計畫（這在 Step5 開始會介紹）；這也是為什麼很多企業家平常過得好好的，卻自討苦吃、報名三鐵，或有些人突然出國壯遊，或離開賽道休養一陣子，因為我們在人生當中，其實都在渴望改變和成長，這是我們的 DNA。

我的未來，是走向高點還是低點？

管他的！Reset 之後，拉出下一個故事弦，從今天開始，建立新的起承轉合吧。

> ## Action行動練習9
> ## 改變，就從現在開始

　　人是「動物」，我們都需要「動」。

　　一個停滯的人生，即使是在看似無憂無慮的狀態，如果生活沒有改變，沒有動態，那也很容易使人不安，我希望你設想，把今天當作你接下來人生的第一天（其實嚴格來說，每一天都可以這麼定義），那你要給自己什麼挑戰呢？你可以怎麼改變呢？

　　我自己有幾次重新設定（reset）：我 8 歲跟家人移民到美國，突然一下子成為全班唯一說中文的孩子，進入生存模式的我，好不容易適應；第二次 reset，我是學校唯一考進紐約史岱文森高中（Stuyvesant High School）的學生，我自己每天得坐兩趟公車、兩趟地鐵，進紐約治安最糟的區域念書；第三次發生在我準備念博士之前，驚覺自己不該「沒間斷地念書」，於是擅自給自己按下 reset，休學了一年，在這段 gap year 之間遊走世界，寫成了一本散文集《Why Not？給自己一點自由》。

　　很多人覺得幸福是個山頂，攻上頂應該停留越久越好；但你去問山友，會發現他們往往待一會兒就下山，因為對他們來說，上山、下山只是過程，山頂再怎麼說也只是一個定點，而不是終點，人生是動態的，此刻，如果你覺得生活沒什麼意思，就 reset 吧！

　　挑戰自己，創造新的故事起點。

今天就是第一天

寫下自己的「改變願望」，做到了就打勾吧！

我要挑戰	我要換新
☐	☐
嘗試改變	新的起點
☐	☐

　　好萊塢曾經統計，電影開演內的 5 分鐘，就應該透過角色間的對話或動作帶出主題，12 分鐘左右則該出現劇情的第一個轉折點，不然觀眾會開始失去興趣；如果要找一部符合這樣時間節奏的好電影，我非常推薦 2009 年由皮克斯動畫工作室創作的《天外奇蹟》（Up），若你有時間，把書闔上之餘，可以找來看看。

　　現在，請你閉上眼睛，想像人生是一齣電影，你已經歷很多情節，走過 11 分鐘，身處第 12 分鐘，明天一睜開眼，你希望有什麼改變？

　　記錄想法！讓生活開始改變

第十講
說故事的威力

「再不乖，警察就來抓你喔！」還記得小時候，爸媽說的故事嗎？也許直到長大，你都沒發現那些言說已經影響潛意識，威力深植於心——故事隱含著說者的價值觀，也形塑聽者的價值觀，隨著長大，甚至有一天為人父母，我們必須更小心地說故事，當負責任的「說書人」，因為故事的威力，比你想像的更大。

我一位女性好友，她的姨媽每次跟她見面時總會說：「哎呀，女人就是要找一個好人家，嫁入豪門是『二次投胎』，姨媽就是嫁了沒錢的老公，所以現在要做什麼都很困難，妳可千萬不要像姨媽一樣……」逢年過節，姨媽跳針式地叮嚀，害得我這位朋友每次看見姨媽就像撞鬼一樣，躲都來不及。

為什麼這些長輩特別愛說一些重複的故事呢？

因為故事意味著他們的價值觀，你怎麼去說一個故事，代表你是一個什麼樣的人。所以你要小心！聽他們抱怨時，也可能不知不覺影響你。

我們理解世界，是從小時候聽到的故事出發，家長向孩子講道理之前，通常會先講故事，這些故事隱含很多價值觀，從小深刻影響我們的潛意識，像是「不乖，警察會來抓你」，表面上是

嚇阻，其實可能隱含著警察很可怕、警察會隨便來抓人……這就是傳播學中的「敘事理論」（narrative theory）：人類生活中的敘事是經驗的基礎，敘事者透過故事傳遞自己的價值觀。

先前我們提到：故事是了解他人動機的管道之一；讀到這兒，你不難發現——故事的威力比你想像中的更大，甚至故事也不斷「變形」，以不同的形式在生活當中影響著我們。

美國神話大師坎伯（Joseph Campbell）在他 1949 年的經典著作《千面英雄》（The Hero With a Thousand Faces）中，分析了古今神話文學中千名英雄的成長歷程，整理出一套「英雄公式」，這套公式宛如圓形「迴圈」，分做上、下半圈，上半圈是英雄熟悉、容易生存的環境（舒適圈），下半圈則是挑戰、挫折，大抵而言，這些英雄挑戰大魔王之後，世界從此不一樣。

說完神話，再來說說童話：在美國，越來越多家長開始不讓自己的小孩閱讀《灰姑娘》、《睡美人》這一類的童話故事，你可能嘀咕，不就是卡通嗎？有需要這樣嗎？更深層去細想，《睡美人》、《灰姑娘》這類的故事可能讓小女孩在長大後認為：人生就是要被動等待王子出現，才能找到幸福。

近年來，迪士尼意識到這個問題，創作的故事開始傳遞另外一種價值觀，比如前陣子火紅的《冰雪奇緣》（Frozen），這部電影有不少值得爸媽告訴孩子的切面，包括：女孩子要獨立堅強（別被高富帥誘惑）、為愛犧牲、親情至上等。

　　故事傳遞的價值觀，不只影響個人，甚至還會影響到社會，當我造訪義大利佛羅倫斯「烏菲茲美術館」，親眼見到文藝復興時期的許多名畫時，第一時間相當納悶：許多苦悶而陰沈的畫面，繪的都是耶穌受難的過程，誰會想掛家裡啊？直到我一探梵諦岡的西斯汀禮拜堂，邊仰望米開朗基羅的《創世紀》穹頂畫，邊聽解說時，才發現原來在中古世紀，絕大多數人不識字，教會用傳神而巧妙的方式畫出大家知道的故事，打進信徒心中。

　　我突然懂了：這些畫作就像是今時今日的電視、電影，不過是定格了，文藝復興時代的藝術家透過畫作傳達教會的價值觀，這與東方文人潑墨山水的「道法自然」大異其趣，因為創作背後的動機與用途是不同的。

　　既然談到東方，我們雖沒有教會壁畫，卻有經典的「成語」，成語是故事的濃縮，譬如典故出自司馬遷《史記》的「臥薪嘗膽」，原本是形容春秋時期，越國國王勾踐為了報仇雪恥，讓自己生活在艱苦的環境，晚上睡覺不蓋被子，而是以薪草取暖，又在屋裡高掛苦膽，不時嘗嘗那滋味；千年後，不少年輕學子聽了這句成語，意識到念書要臥薪嘗膽，要是外國人聽了，可能會大吃一驚：你們幹嘛把「學習」講成「自虐的酷刑」啊？

　　臥薪嘗膽的故事，可能會讓小時候的你一天不認真念書，就冒出罪惡感，或以為讀書一定得「苦讀」才有用；然而，很可能你只要花十分之一的時間，有效率地念書即可，甚或快樂念書比苦讀更能銘刻在心。

　　故事所傳遞的價值觀是如此強大，除了應該對別人想傳遞的價值觀更有自覺，不妨想想：你要傳遞出什麼樣的價值觀呢？

　　有一位負責安寧療護（palliative care）的護理師，在病床旁邊訪問臨終的病人，要他們回顧一生，心中最快樂、最遺憾、最後悔的事情有什麼？大部分的病人，後悔的是自己「沒有做到的事情」，而不是他們「做了的事情」。

　　人之將死，其言也善，這些人一一道出內心的失落：「我希望我能夠有勇氣去做我自己」、「我希望我有勇氣去說出心裡的話」、「我希望能花多一點時間在我朋友身上」、「我希望我不要那麼認真工作」、「我希望我曾經讓自己更快樂」[1]。

　　那麼你呢？想要說一個怎麼樣的故事？

　　在第六到第十講當中，我們提到了說故事的重要性，我期許，你能多察覺耳邊的故事，可能帶著什麼樣的動機？他者想要傳遞什麼樣的價值觀給你？而你自己又想要說什麼樣的故事，傳遞給別人什麼樣的價值觀呢？

　　打破舊觀念吧！沒有什麼是理所當然的價值觀，不妨去挖掘一下，是誰告訴你這樣的故事、進而形塑你的價值觀？一層一層挖，便不難發現世事無絕對，看待很多事情也會有不同的目光、新的視野。

[1] Bonnie Ware, The top five regrets of the dying: A Life Transformed by the Dearly Departing. Hay House, 2012.

> ## Action行動練習10
> # 你，就是媒體

　　當今傳播理論的奠基者、加拿大知名教育家麥克魯漢（Herbert Marshall McLuhan）在經典之作《認識媒體》中，點出了媒介的影響力，媒介就是訊息（medium is the message）。在麥克魯漢之前，人類只把媒介看成是「訊息的載具」，並不能改變訊息內容。

　　而今媒介的影響力如此之大，你，就是媒體，在說故事時，更應當負起責任。

　　希望你在讀完這一講之後，記錄身邊的人與你分享的故事，分析背後可能的價值觀——每個人說故事時都在傳遞訊息，也有意、無意透露價值觀，我們從小到大所聽的故事，也會促使我們建立起自己的價值系統。

　　也希望你思考一下，當你走到人生盡頭，什麼是你真正重視的東西，而你又想要如何去說這個故事？誰又會陪在旁邊呢？你想要說一個什麼樣的故事？

　　我身為兩個孩子的爸爸，時時刻刻都提醒自己。舉例來說，在我教育孩子時，是否無意中傳遞了「努力念書、考進好學校」這樣的價值觀框架？抑或是讓他們更自由、適性發展？又或者，像是「再不乖，警察就來抓你喔」這樣的嚇阻語言，雖然建立了警察的權威感，卻可能讓孩子對「警察」這份職業的形象有所扭曲。所以囉！別小看從你口中說出的故事，也別忽略別人的言說。

誰在對我說故事？

試著記錄最近一星期聽到的故事，思考背後可能埋藏什麼樣的深意。

_____說：

他的動機是什麼？

故事中隱藏了什麼價值觀？

有意識地分析旁人對你傳達的訊息，是一件很有意思的事情。透過這樣的練習，你將能夠更明晰信仰與觀念，也能站穩面對世界的姿態。

3

專注於重要的事

你有被「卡住」的感覺嗎？
不論是時間或空間，
日復一日被雜物、雜事包圍，
常常使人有深沈的無力感，
我們必須學會清理、排序、說不，
才能突圍而出，繼續航向目標。

第十一講
・騰出生活中的空間・

　　你有種過花嗎？如果有，你應該有「換盆」的經驗，如果不換盆，植物的根系發育就會受到侷限，人也是——要成長，勢必得先清理出「成長的空間」，如果你覺得人生「卡卡的」，來，我們一起整理、整頓。

　　從第一講到第十講，我們認識了過去與現在的關聯；接下來的第十一講到二十講，我們將一起探索「當下」與「現在」的關係；我希望，可以幫助你從「反應」、「處理」當下的狀態，轉變為更積極「主導當下」的狀態。

　　要能夠主導，第一步，你需要「空間」，包括「思考空間」跟「操作空間」，這種「空間感」是一個抽象的概念，卻也是很具體的狀態。

　　當我問你：「你家多大？」你可能會回答我：「25 坪」、「一房一廳」，或是說「永遠不夠大！」同樣的，如果我問你：「生活中有多少改變空間？」你可能會回答「還有很多空間」、「沒什麼空間」，或者「有很多可以改變的空間，但沒什麼空間做改變……」

如果你覺得生活已經塞得很滿，讓我分享最近發生的一個小故事：前陣子，我覺得皮膚很乾，需要搽點乳液，走進浴室，才發現經常使用的那一瓶乳液用完了；打開洗手台鏡子後面的小櫃子，裡面有一格放了不少瓶瓶罐罐。

那些小瓶瓶罐罐，是我在各地旅行時旅館附贈的盥洗用品，我隨意打開一瓶，擠出，覺得質感怪怪的，鼻子湊近聞一下，居然都發臭了！那一小罐乳液不曉得已經擺多久了（搞不好三、五年都沒動過……），我當初幹嘛帶這罐乳液回家呢？

所以，我把它丟了，連同架上那些沒用到的瓶瓶罐罐，全被我丟進垃圾桶，雖然心裡覺得有點不捨得，但丟完之後，再看看小櫃子，比之前整齊多了，心裡跟著舒暢起來。

這個「乳液的故事」，重點在於「不要囤積」──節省，是美德；但「節約」才是生活美學。

相信你也知道，因為捨不得浪費，因為覺得「某一天這個或許用得到」，所以選擇把某個物品保留在身邊，占據了生活空間；許多人逛書店，覺得「這本書挺有意思的，我有一天會看完」，買了一堆書回家後，卻只有時間看一小部分，下次去書店，依然故我，買了更多書回家。

有些人，一天到晚報名很多課程，還繳了費用，上了幾堂課，一開始很興奮，但生活一忙，就停了。

　　再檢視一下你的衣櫃，裡頭滿滿捨不得丟的舊衣服，是否有一件是因為千年難逢的折扣，忍不住入手的新衣服？有另外一件，是「某一天在某個場合也許穿得上」的華麗衣服？結果，年復一年，這些衣服甚至連吊牌都沒拆。

　　當我們得到一個東西，會想像未來的用途，想像它可能在生活中發揮的價值，問題是，如果你沒有同時做好規劃，那就可能出現「潛力過剩」的狀態，環顧生活周遭，有許多沒用到、用了一半，或根本忘記擁有，每次整理房間才發現的「潛力」物品，最後變成遺憾，遺憾又捨不得丟棄，終於變成累贅。

　　累贅這麼多，未來進不來，因為你沒有空間，無論是收納空間、運作空間，或是思考空間。

　　近年來，企業界推崇「回歸基本」，專準主義（Essentialism），主義聽起來好像怪嚇人的，我用一句話來描述這個概念──「少，但是更好[①]。」

　　這概念很棒，但難處在於如何選擇；尤其是當每一樣東西都代表了新的潛力、新的夢想，該用什麼標準來評估呢？

　　我剛開始當 DJ 時，一張黑膠唱片 8 塊到 15 塊美金不等，走進唱片行時，每一張都可以試聽，聽著聽著，我覺得好多張都用得上，好難選擇啊。我一周打碟的工資大概是兩百美金，但我每週也差不多花費兩百美金買唱片，還經常入不敷出；記得有一回跟某資深 DJ 一起去唱片行，我抱了一疊黑膠結帳，只

拿兩三張的他問我：「怎麼買那麼多啊？」隨後翻一下我手上的唱片。

「這張你別買了。」他說。

「可是這張黑膠裡，有一首歌的一個片段，真的很棒。」我回答。

他看著我，問：你很愛它嗎？

我說：我覺得它會派上用場。

他說：不，你沒回答我，你很愛它嗎？

我說：我覺得舞客會喜歡。

他問第三次：你很愛它嗎？

我說：我不能說真的「愛」，但是……

「沒有但是，你不愛，就別買！」這位資深 DJ 強調。

我沒聽他話，還是買了。

你知道嗎，他是對的，我不夠「愛」這張唱片，只覺得「應該用得上……」。事實證明，我後來不曾在任何一個場合播放它，因為 DJ 們都會比較想先放自己愛的唱片。

就像手機一樣，我們下載了一堆 app，好像都覺得有用，但真正使用的就只有那麼幾個。

---

① McKeown, G.（2014）. Essentialism: the disciplined pursuit of less. New York: Crown Publishers. 葛瑞格・麥基昂，《少，但是更好》，天下文化，2014年9月。

　　下一次，面對各種要你消費、要你購買、要你收藏的「潛力物品」時，先問自己兩個問題：

　　第一，從純粹直覺的角度，你真的「愛」它嗎？

　　第二，從純粹理性的角度，你的「使用計畫」是什麼？

　　如果你無法回答這兩個問題，建議你三思，不要讓它輕易進入你的生活，占用你的心理空間，這就是實行專準主義的第一步——限制雜物進入你的生活、成為累贅，讓真正的節約，從源頭控制開始做起。

　　祝你「斷捨離」成功！

Action行動練習11
斷捨離

選擇一個家裡的小角落，最好是有一些你累積經年的雜物，搭配一個大紙箱，開始練習斷捨離。

我們做一個練習：請你找一個「尚未使用到，而有所遺憾的潛能物品」，譬如書架上的一本書，衣櫥裡的一件衣服，放在櫃子裡還沒用的一個家飾品──握在手上，問自己這兩個問題：

第一，「我真的愛它嗎？我對它有強烈的感覺嗎？」

第二，「我能不能給自己排出使用它的時間？」

回答這兩個問題的同時，我們要開始擬定使用它的時間計畫；如果不再使用，可以送人？捐出去？或直接淘汰？

我們留在身邊，但未能夠使用或善用的物品，都是一個「未開發的潛能」，只要新東西一直進入生活，舊的東西就更難被看見；這些未開發的潛能不僅占據了我們的生活空間，更占據了心理空間，因為每一個未開發的潛能，都是一個懸念。

透過這樣的練習，我們要減少「懸念的牽掛」。

Ready...go！

斷捨離行動，開始

物品 1： _____

☐ 我真的愛它嗎？
☐ 能排出時間使用它嗎？

它的最佳去處：

物品 2： _____

☐ 我真的愛它嗎？
☐ 能排出時間使用它嗎？

它的最佳去處：

＊你可以影印此頁，貼在每一個需要「斷捨離」的物品上＊

第十二講
創造專注的空間

　　大腦在思考時，同時存在著兩個機制：增強訊號與抑制雜訊。面對新的開始，我們必須清除不必要的累贅，讓「腦力」更有效率的發揮，該如何創造屬於自己的專注空間？

　　你是否曾經苦思一件事，怎麼樣也想不通，換了一個環境，便忽然想通了？你是否曾經心情很鬱卒，走到大自然，見到海闊天空，心情跟著開朗起來？

　　我們的思緒，跟身處的環境有絕對的關係，即便沒有意識到，你的感官時時刻刻蒐集各種訊號，也影響我們的思緒。

　　根據美國腦神經科學研究者的研究，大腦在專心時，必須同時做兩件事情：一是「增強訊號」（enhancement），花更多資源在你需要專心的事物上面；二是「抑制雜訊」（suppression），把不相關的訊息過濾掉，跟那些雜訊說「別來煩我」[1]。

---

[1] Gazzaley, A. & Rosen, L. D.（2016）. *The distracted mind: Ancient brains in a high-tech world*. Cambridge, MA: MIT Press.

這套機制，也說明了為什麼我們在很吵的地方聊天，卻能聽到對方在說什麼？因為大腦隨時在把聽到的聲音與對方的嘴型兜在一起，同時抑制其他的雜訊，讓你在震天價響中仍能聽懂對方說的話。

不過那是非常費神的，因此往往在酒吧或夜店聊天散場之後，身心格外疲憊……

反之，如果我們到安靜場所聊重要的事情，多出來的腦力，就可以用來「增強訊號」，更專注於彼此討論的話題中；有些人在深思的時候，會不自主把眼睛閉上、甚至把耳朵也搗住，就是為了降低雜訊。

我們「燒腦」時，其實燃燒的是身體能量的來源——醣類，又稱為「碳水化合物」。

從思考、工作到心肺運動等，都會消耗身體的醣類，研究推算，大腦就算什麼也不想，每分鐘也得消耗 0.1 卡，若是面對較複雜的事情，每分鐘甚至會燃燒 1 到 1.5 卡；換句話說，並非只有思考「燒腦」，光是抑制那些雜訊，同樣在燒腦。

當你今日工作時，桌上放了一份文件，文件旁有一堆雜物，即便你知道那些雜物無關宏旨，但潛意識還是要費力去壓抑這些雜訊；相反的，如果桌子很整潔，審視文件時，腦袋運作起來，就更能夠聚焦。

　　隨著年齡越大，腦力會逐步下降，回想一下，身邊是否有很多長輩，當你在他耳邊隨意聊些什麼時，都會引來「好吵」的抱怨，因為他們越來越缺乏「抑制雜訊」的能力。

　　儘管有些人自豪於「一心二用」的能力很強，覺得對雜訊的容忍度高，但我相信，一旦衡量這些人的成就，雜訊仍會影響他們的表現。

　　曾經有一項「記憶實驗」分別讓人處於三種不同狀況：

　　第一，是面對繽紛的牆面。

　　第二，則是面對一堵灰色的牆。

　　第三，則是閉上眼睛。

　　結果發現，當你面對繽紛牆面的時候，記憶測驗的表現上，不論是細節或記憶的正確性，都比面對灰牆或是閉上眼睛來得差。

　　因此，你如果覺得，環境亂七八糟也沒關係，反正習慣了，視而不見；你忽視的是：雜訊會進入到你的大腦，即使你沒有「意識到」，大腦還是要花力氣去抑制。

　　現在，我如果需要安靜工作，會走進屬於自己的「淨空區」，桌上除了我的電腦和文稿，其他啥都沒有，戴上耳機，不聽任何有歌詞的音樂，也不聽複雜的音樂，只有一點點具有「遮蔽」效果的聲音，讓我聽不清楚別人的交談，整理了實體空間，更容易為你的心靈創造空間。

　　也許你會反駁，比較亂的桌子（譬如愛因斯坦、馬克‧吐溫、愛迪生等人的桌子）可以激發創意？這是不同的腦思考路徑，當這些創意份子看到雜物時，雜物皆進入到他們的潛意識，使其比較容易聯想，也願意擁抱混沌。

　　但無論如何，如果覺得人生卡卡的，先為自己鑿出專注空間吧！專注不難，就從動手整理自己的書桌開始。

劉軒說

我的專注神器「mynoise.net」

我最近的專注愛物，是一款線上 APP「My Noise」，當我需要切換到工作模式時，只要使用這款 APP，選擇可以遮蔽環境雜音的聲音，就能幫助我免於被外界干擾，也更能讓我起伏不定的心緒靜下來，有興趣的話，你不妨也試試看！

http://bit.ly/mynoise

> Action行動練習12
> ## 設計專注角落

　　環顧身處的空間，你的房間是不是堆滿了雜物？你的辦公桌，是不是充斥著文件？你的電腦桌面，是不是有很多密密麻麻的小圖案？

　　如果把人腦視為「電腦」，大腦每秒最多處理 40 位元的訊息，而必須從感官接收到的 1100 萬位元訊息中做選擇[1]。如果現狀是一種選擇，你是否選擇了一個能充分發揮，藉此獲得成功和成長的現狀？

　　你需要一方空間，讓你能夠身處其中，心無雜念，回歸專注的狀態。在此狀態下，你才更易於思考：什麼是重要的？什麼又是不重要的？

　　或許，你跟很多人一起住，不太可能有一個專屬的空間，那麼，請你找一個容易抵達的地方，那是乾淨又安靜的空間——可以是附近安靜的圖書館，或是一間小小的咖啡館，這個空間必須讓大腦少一些「抑制」，當你整理好思考空間後，可以拍下來，時常提醒自己需要「專注角落」。

---

[1] 根據應用正向心理學研究中心（Institute of Applied Positive Research）創辦人紹恩・阿克爾（Shawn Achor）的研究統計。

第十三講
・跳出急迫性的陷阱・

　　你是否曾經感嘆，明明自己不是「消防隊員」，卻一天到晚「救火」？面對急迫而難以抗拒的事情，我們該如何跳脫陷阱，專注在預先設定的目標呢？借鏡古希臘神話，讓我告訴你！

　　從第十一講開始，我們學習處理「當下的空間感」，讓自己更善於發展和探索未來；我們整理、整頓了身邊的空間，也有一個簡單的原則來幫助我們節約，但我相信多數讀者「雜物」減少了，「雜事」一樣多。這一講，我們來處理當下的雜事。

　　我們一天所做的事情，大致上可以分為四個象限：在橫軸，我們有「急迫」或「不急迫」；縱軸，則有「重要」或「不重要」；很多企業培訓課程都會介紹這個技巧，稱之為艾森豪威爾宮格（Eisenhower Matrix），因為美國第 34 任總統艾森豪將軍就是用這個方式規劃他的每一天。

　　基本上，對於急迫且重要的，我們就要 DO（盡快完成它）；不急迫但重要的事情，我們需要 DECIDE（決定什麼時間完成它）；急迫但不重要的，我們需要 DELEGATE（把事情交代給別人做）；至於不急迫也不重要的，我們需要 DELETE（刪除），不要去做。

◎為手邊的工作分類吧！

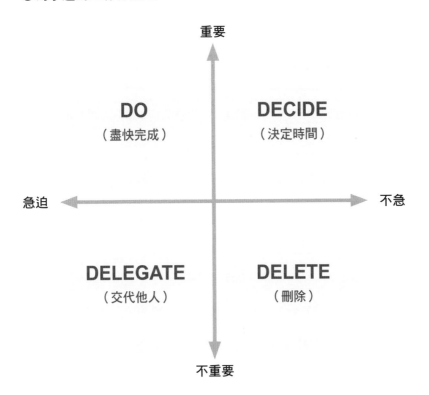

著名企業導師史蒂芬 · 柯維在他的暢銷書《與成功有約：高效能人士的七個習慣》也把善用艾森豪威爾宮格技巧設為他的七大成功要件之一。

如果你可以按照這個方法過日子，你應該已經對生活有高度掌控感，朝著美好的未來邁進。但，一般人往往難以按照這個方

法來做事，我們通常都被很多事情「綁架」：接二連三的事情找上門，看起來不但急迫，而且讓人覺得急迫又重要（即便是不重要的，也看起來很重要），因為除了你之外沒有人能幫你。

於是，我們常常處於十萬火急的狀態，每天有新的事情加進來，越救火，火越旺——因為，工作難以排序。

好不容易有一點自己的時間，可以對未來補腦充電，偏偏這時候會有特別多「無法拒絕的邀約」，例如老朋友回國約你吃飯，姊妹淘邀你去難得的精品特賣會，同事突然打電話說他有演唱會的票但自己去不了，乾脆送給你，就今晚了……

這時候，特別糾結，是不是？

行為經濟學稱這個心理現象為「當下謬誤」（hyperbolic discounting）：時間上越靠近我們的事情，大腦越會將它放大，尤其當一件事發生在「當下」、「機會難得」，又有「時間限制」時，就會感覺重要很多。

所以，當你看到一家店掛出「限時特賣」的時候，往往更有衝動要進去看看；靜下心想像，店家是萬般不願意，打折賣給你？抑或是很有策略地給你時間壓力，讓你更想買？

（半年後，經過這家店，它還在限時特賣……）

生活中，永遠會出現這些時間有限，又必須當下把握的難得機會；這就是當下謬誤所造成的影響，也讓我們很難完成應該完成的計畫。這時候該如何對抗它呢？

　　不妨參考將近 3000 年前的古老傳說，也就是古希臘國王尤利西斯（Ulysses）的故事：

　　尤里西斯在打贏特洛伊戰爭後返鄉的路途上，知道自己的船即將經過海妖賽蓮（Siren）居住的島嶼。據說凡是聽到賽蓮天籟歌聲的水手都會喪失心神，把船駛向那個小島而沉亡；尤利西斯忍不住自己的好奇心，他很想聽賽蓮的歌聲，又知道聽了就要命。

　　所以，他做了一個安排。尤利西斯命令手下的人把他綑綁在船的桅杆上，設好航向後，他跟手下說：「你們就照這個方向一直划，要用蜜蠟封住自己的耳朵，不准偷聽，而且無論我怎樣反抗、怎樣哀嚎，都不要理我，如果我掙扎，要綁得更緊！」

　　果然，當尤利西斯聽到了賽蓮的歌聲時，開始心智迷惑，試圖掙脫，還跟手下大喊：「把我放開！」船員們都很聽話，把自己的耳朵封住，拚命向前划。他們也就這樣度過了凡人無法抗拒的誘惑。

　　尤利西斯很清楚，當他聽到賽蓮的歌聲時，他將不再是他自己了。於是「當下的他」就與「未來的他」預先做好約定。這就叫作「尤利西斯合約」（Ulysses Contract）。

　　要跳出「當下謬誤」的陷阱，就得要**在謬誤出現之前做好設定**。

　　這可以是某一種關卡、也可以是個簡單的提醒；舉例來說，如果你要早起去健身房，但知道很可能會賴床，你可以事先買一堂教練課程，並跟他約好到時候在健身房碰面；或者，你也可以找一個平常就會早起的朋友，請他在某一個時間打電話給你。

　　你也可以試試看，與自己做一個尤利西斯合約，趁你頭腦清楚、意志力強的時候，為未來做好準備，設定關卡！

Action行動練習13
尤利西斯合約

　　我自己最常做的「尤利西斯合約」：在前一天晚上，設定好隔天第一件要做的事情，並把它寫在一張便利貼上，再將這張便利貼黏在我的手機螢幕上，把手機轉為飛航模式再就寢。

　　這是因為我自己知道，隔天醒來我一定會先拿起手機，然後就很容易被螢幕上的訊息分心，一下子就忘記當天該先做什麼了；設定飛航模式是第一道關卡（讓自己無法上網……），螢幕上的便利貼則是關卡加上提醒。

　　如此設定，真的幫助我改掉了一起床就滑手機的習慣，提升了效率，今天我們就來試試看吧！

（範例）

　　　　　我今早起床要做的第一件事：

　　　　　　到樓下公園晨跑 30 分鐘
　　　　　_____

給自己做一個「尤利西斯便利貼」

▶

約定──

今早起床我要做的第一件事

_____

_____

＊除了在這邊寫下練習，也拿出你的便利貼寫上合約，明早開始執行吧！＊

第十四講
尋找那「高槓桿」的收穫

　　原本井然有序的生活，是否曾經因為旁人的請託，突然變得忙亂起來？唱 KTV 時，我們可以容許好朋友插播先唱，但生活遇到「插播」就很惱人——我們需要為生活清單排序，孰先孰後，說起來簡單，卻常常被打亂。在這一講，我們將學習一些方法，讓排序更具體，付出一些努力，再一次練習斷捨離，放大快樂的「槓桿倍數」！

　　有時候，我們會把生活塞滿，自找麻煩；但更多時候，是別人會湊近，把我們的生活塞滿。

　　拿辦公室生活為例，你會遇到形形色色的人，同事要是有什麼麻煩，請你幫忙一下，感覺無妨；漸漸地，你會發現：幫著幫著，奇怪，事情怎麼都降臨到我身上？A 同事過來找你，B 同事也過來找你，大家都來找你。

　　起初，你覺得自己應該可以做完吧？或是覺得同事來找你，是因為相信你，所以你不好意思拒絕，但隨著事情越堆越多，似乎永遠沒有做完的一天。

　　生活中，總有各種人用不同的理由和身分，要求你做這個、做那個，占滿你的生活；為了要讓你的生活井然有序，讓

　　未來可以看見你，我們必須擁有將「多數的雜事」和「少數重要的事情」區別開來的能力，要怎麼才能做到呢？

　　我們需要「篩選」。

　　乍聽之下，你可能覺得非常容易，實際執行起來相當困難。

　　上次全家去澳洲度假，我讓兩個小孩自己收拾行李，回到房間時發現他們帶了一大堆玩具，但衣服只有拿幾件；顯然，他們的篩選標準與大人不一樣。

　　有一次去企業做內部培訓，請職員們排出下半年的重要計畫，列出了 20 幾條事項；接下來，我請他們討論篩選，半小時之後，清單上還剩 17 項。原因是：很多事項是連動的，於是牽一髮而動全身。

　　你也肯定體驗過每次換季，整理衣櫥的時候：你一開始告訴自己，如果不穿就該丟掉，但還是會發現各式各樣必須「特赦」的物件，或者找出一件，套套看，試穿一下，覺得還可以，而且買過只穿了一次實在太可惜。結果兩個小時之後，搞得全身大汗，衣櫥還是跟之前一樣滿。

　　我也有一樣的問題！我還滿戀舊的，很容易被一件物品的「回憶價值」影響。怎麼辦呢？根據我自己不斷嘗試與調整之後，以下是我現在用的篩選法：

　　1. 設定明確清楚的目標。

　　2. 設定 90% 篩選標準。

　　3. 分類排序，篩選出「高槓桿」事項。

　　以小朋友收行李為例，我請他們設想，我們去澳洲會去什麼樣的地方？（遊樂園！海邊！）做什麼活動？然後我請他們設想自己在那些情況下會需要穿什麼衣服？用什麼東西？這樣來為他們設定「目標」，就讓他們更知道自己該準備什麼。

　　面對我的衣櫥，我就必須狠一點；我不能只問自己「這件衣服還穿不穿得到？」因為答案幾乎永遠會是 yes，我給自己設一個打分數的標準：如果「常穿」占 40 分、「舒適」占 30 分、「好看」占 30 分，每一件衣服在這三個條件上打分數，只要低於 90 分的就淘汰，我發現這個方法，比 case by case 來考慮來得容易多了。這就是所謂的「設定 90% 篩選標準」。

　　至於連動性高的事項，例如公司的年度計畫，則需要先把相關的事項放在一起看，例如跟網站相關的事項分一個類別、客服分一個類別、行銷為一個類別；分類之後，看著一張張清單，問自己一個問題：

　　「這裡的哪一件事情如果先完成的話，會讓其他事項更容易完成，甚或是變得不重要？」找出這些「高槓桿效應」的事項，先做它們才是王道！

　　設定明確的目標、設定 90% 篩選標準、選出「高槓桿」事項——這三個方法，可以幫你在生活中快速除去雜草。

　　很難去說「不」的人往往是個性最好、配合度最高的人，習慣看到事情好的一面，最後卻委屈了自己；對於難以在生活中篩選的朋友們，尋找「高槓桿」的事項，實在太重要了。

　　你可能會發現工作不是「快樂高槓桿」，甚至可能反過來，成了「痛苦高槓桿」。工作時間越拉長，痛苦成分以倍數增加，弔詭的是，我們卻常常把工作至上——當老闆邀約應酬時，你可以去，也可以不去；選項的另一端，是跟老朋友聚會，或許父母會希望你離老闆（成功）近一點，但仔細思考，跟老朋友短短敘舊反而是讓你的快樂指數大幅飆高。

　　多數人的優先選項容易陷入「越迫近的事情越重要」這樣的泥淖之中，其實，我們都清楚知道不是如此，如果遇到插播，有一個「篩選標準」，才不會有火燒屁股的感覺。

　　對你而言，當你優先選擇跟老朋友聚會，便可以平衡工作帶來的苦悶，因此，別一直選擇那些「你覺得應該要做，但越做越不快樂」的事情，也許，時不時離開工作崗位，可能會讓你有罪惡感，一旦列出優先順序，犒賞自己顯得格外必要，否則，你將永遠處於糾結之中。

　　「繞開那些價值觀，傾聽自己的內心」並不容易，但我建議你，動手執行吧，當你認真列出快樂高槓桿，你往往會有一些意想不到的答案：孩子的笑容、周末輕旅行、紅酒配起士（你不用等奮鬥多年，就可以每周享受一次）……

　　現在就重整自己，不僅快樂，也可以更有效率。

Action行動練習14
傾聽內心的「天啊！我要！」

　　這一講中，我們介紹了「90% 標準」，對於非常忙碌、時間價值很高的你來說，幫每一個選項打分數其實也挺費力的，該怎麼辦呢？別放棄斷捨離，建議你聽聽內心的聲音，在每一次做出選擇時，不要只說「這個我可以」，而是問自己心中是否有「天啊！我要！」的吶喊。

"If it's not a HELL YES!
then it's a NO, THANKS !"

　　換句話說，如果這件事在你心中，不是非常明確的 YES，那應該就是非常明確的 NO。

　　如果要簡化生活，就答應真正會讓你感覺「很棒」的邀約或是選項，如果沒有這樣的悸動，統統不要考慮。透過傾聽內心最直覺的聲音，你會發現，為生活排序變得更簡單了！

試做90%篩選法

在這一講裡，我以「清理衣服」為例，以下請你試著用這套方式來清理你的衣櫃。如果你的衣櫃已經非常乾淨，那恭喜你！也可以試著拿其他雜亂的地方來練習。

給自己設三個篩選標準，而僅有三個篩選標準，並定義出它們的比例，讓它們加起來等於 100。

以我的例子來說，我的三個標準就是：

「常穿嗎？」40 分

「舒適嗎？」30 分

「好看嗎？」30 分

「標準」由你自己設定：讓身材更好看？當季最流行？名牌價值？每個人的標準不同，但我建議你不要設定超過三個標準。在下方的空白中，給每件衣服在這三個標準上評分，然後把分數加起來。每一件保留下來的衣服，必須達到總分數 90 分或以上，才值得保留。

拋開自己的情感因素，試試看，這樣的方法或許能幫你更容易的清出生活空間。畢竟，舊的不去，新的不來！

標準 1：

_____分

標準 2：

_____分

標準 3：

_____分

我的總分：_____分

＊建議可以將此頁印出，為每件事物做篩選練習＊

第十五講
如何聰明拒絕別人

前幾年有一部金・凱瑞的喜劇片《沒問題先生》（Yes Man），電影主角凡事說「Yes」，讓生活多了很多新鮮事；現實生活中，如果我們面對要求，事事說「好」，恐怕反而不太好過，該怎麼說不？不只需要勇氣，還要有一些技巧……

你如果對任何事情都說「好」，最後，就是把自己搞得「不好」。

大部分的人都是「好人」，不太好意思拒絕別人的請求；實際上，懂得說「不」是一個技巧，也需要練習。

為什麼我們會覺得說「不」很困難呢？追根究柢，我們不想要讓別人失望——不論是朋友、父母、情人或是老闆，出於本能，你不想讓他們失望，所以對他們提出的要求或請託常常說「好」。

可是，對你而言，一旦你答應了一件不方便的事情，需要花費接下來好幾天、好幾個禮拜、甚至是好幾個月來後悔這件事；反之，若你說的是「不」，拒絕之後，可能頂多不安幾分鐘而已。

當你說了「好」，對方就會有所期待，一旦你無法達成，反而會造成更大的失望；所以，何不明確地、勇敢地在第一時間拒絕？他們可能一時會失望，但時間久了，他們會知道你是真心為他們考慮。

所以，你要提醒自己，把「決定」與「關係」分開，不要因為跟這個人關係親密，就答應一件沒必要也做不到的事情；別忘了，拒絕這個要求，不代表拒絕這個人。

另外，你要考慮到機會成本（opportunity cost），人的時間有限，取與捨格外重要，答應了一件事情，背後意味著的是，你要放棄什麼「更重要」的事情。

當然，不是每一個「不」都要非常直接、毫不留情。以下是我歸納出的幾個方法，你可以參考看看。

1. **以時間換空間**：接到任何邀約，當下不知道怎麼辦，或是你不想在當下拒絕造成尷尬，你可以說：「我要先看一下行事曆，最近好像有另一件重要的事情，我看完之後回你……」這樣，就可以避免自己倉促答應，多一點好好思考的空間與時間。

2. **讓對方做篩選**：比如說，當老闆交辦一件事，你真的沒有時間，可以有技巧地跟老闆說：「好的，老闆，我也想專心在這個案子上面，但我手邊有 A 專案、B 專案、C 專案，我評估了一下，為了更專心在新案子上，您可以建議我先不要做

哪一個專案嗎？」

3. **提供其他方案**：你可以提出願意做的事情，比如說：「在這個案子上，我可以給予一些建議與方向。」表示你願意幫助他，而非自己跳下來完成整個案子；也或許幫忙串聯資源，直白地說：「我很想幫你，但我真的沒有時間，不如找 B 先生，我記得他先前有說過，對這件事情很感興趣……」如果自己有興趣，但當下沒時間，也可以說：「我很想幫你，但最快也要到下個月才行，如果真的一定要由我來做的話，可以等等我嗎？」

　　當然，說「不」需要勇氣，也需要練習；一旦你開始嘗試，就會發現，其實沒有這麼難──最終，當你獲得了更多能夠支配的時間，當你有了「思考的空間」，對於你始終掛心、遺憾未實行的夢想開始有一些實際的進度，此時，你會發現生活局面完全不同，看待當下的每一刻，不再充滿了焦慮和糾結，而是有了踏實感和希望。

　　這，就是我期盼的。

　　透過第十一講到第十五講，如果你一一吸收、練習，持續一段時間，改變了慣性的思維之後，把這些技巧變成日常，你會發覺自己煥然一新；我知道，改變舊習慣很不容易，接下來，我們將一起調整你的精神和體力。

　　Good luck ！

◎ Say No！只要學會這三招

Rule 1. 以時間換空間

不急著回答，告訴對方要查看行事曆，給自己緩衝思考的空間。

Rule 2. 讓對方做篩選

攤開手上排程，魚與熊掌不可兼得，讓對方決定要犧牲哪一件事情。

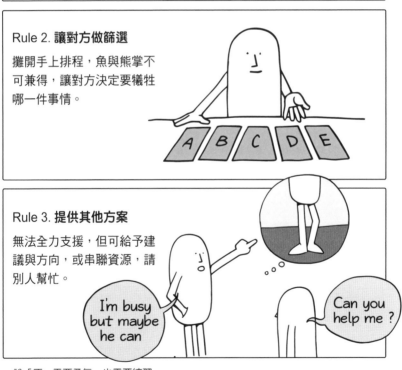

Rule 3. 提供其他方案

無法全力支援，但可給予建議與方向，或串聯資源，請別人幫忙。

> I'm busy but maybe he can

> Can you help me？

- 說「不」需要勇氣，也需要練習。
- 比起答應了又做不到，誠懇說不，反而為合作留後路。
- 有了思考的空間，生活重新有了踏實感和希望。

Action行動練習15
說不，也是愛自己

　　前陣子，我和一位朋友共同接受採訪，被問起該如何「愛自己」，朋友的回答讓我印象深刻：「愛我自己的方式，是更清楚自己的界限、堅持自己的界限，避免假象的和諧。」

　　太多時候，我們不懂得自己的界限，為了假象的和諧，反而製造更大的內、外衝突，陷入掙扎，我建議，可以試著為自己訂下「基本界限」──我的生活裡，事情經常會累積到不平衡的狀態，因為一直工作，可能忽視另一半、冷落孩子。我規定自己，晚上七到九點不接手機時，還跟孩子打勾勾，跟他們說：如果老爸接了不遵守，你可以打我們，而且我們不准生氣！我還真的被一雙寶貝兒女打過！（當然是帶著笑輕拍⋯⋯）

　　界限和目標又不太一樣，像是「我要一年寫一本書」是目標，不是界限；要有足夠的勇氣捍衛自己的界限，才能避免假象的和諧，和後面的痛悔。

　　我們都該提醒自己，把「決定」與「關係」分開，練習拒絕「無謂、突發、不合理」的要求；進階一點，練習「管理人情壓力」和「拒絕人情壓力」，不再讓自己處於人情壓力的被動狀態。這一講我希望你好好思考生活的「界限」，舉我自己為例：

1. 晚上 7 到 9 點是家庭時間，手機關機，沒人可以找到我。
2. 星期天絕對是家庭日，要好好陪伴家人。
3. 吃飯皇帝大，該吃飯的時間一定要吃飯。
4. 早上 7 點半前是我的思考時間，沒人能打擾（除非很緊急）。

思考自己的界限

請你也試著列出自己的界限，至少三條，並且記得勇於捍衛。

界限 1：

界限 2：

界限 3：

Step
4

管理你的
身體能量

WORK HARD

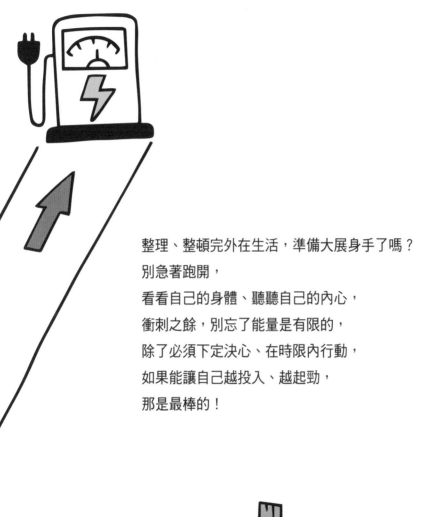

整理、整頓完外在生活，準備大展身手了嗎？
別急著跑開，
看看自己的身體、聽聽自己的內心，
衝刺之餘，別忘了能量是有限的，
除了必須下定決心、在時限內行動，
如果能讓自己越投入、越起勁，
那是最棒的！

PLAY HARD

第十六講
·時間的機會與陷阱·

　　從小到大，你肯定有親手寫下時程規劃表的經驗，什麼時間該做好什麼事，一件接著一件，若是累了，應該可以再撐一下、再撐一下下就好……隨著能量消耗，你可能即將掉入時間的陷阱之中。

　　面對日常的每一天，比起管理時間來說，更重要的是管理你的精神能量。什麼叫作管理能量呢？我們先來看一個案例。

　　三位正在坐牢的犯人，上法庭接受審判，希望能夠獲得假釋的機會：

結果，只有一個人獲得假釋的機會，你猜猜看，是誰？

答案是，第一個犯人。

原因不只是跟他的案件本身有關，背後有另一股很強大的力量，深刻影響了法官的基本態度。是什麼呢？

答案是時間，法官聽審的時間。

根據美國史丹佛大學和以色列本古里安大學兩位教授的研究，他們分析了超過一千筆判決結果，統計發現：審判發生時的時間，與審判結果有很強烈的關係，要是犯人在早上開庭不久之後接受審判，他有將近 70% 的機會得到假釋；如果是下午時段，機會則降到只有 10%[1]。為什麼呢？

因為「做一個公正的判決」是一件很費腦力的事──一日之初，法官精神狀態比較好，可以考慮得比較完善；但，聽審時間曠日廢時後，法官很容易會陷入「決策疲勞」（decision fatigue）的狀態，他思考的速度會越來越慢，考慮的範圍變窄，也會越來越不耐煩。法官如果對一個案子的感覺不好，那基本上，會傾向先說 NO，雖然法官仍相信自己公正審判，但其實已經明顯地有了偏見。

---

[1] Danziger, S., Levav, J., Avnaim-Pesso, L.（2011）. Extraneous factors in judicial decisions. *Proc Natl Acad Sci USA* 108:6889－6892.

決策疲勞會發生在我們每一個人身上。為什麼原本相處融洽的小兩口，忙碌一天之後，會為了一點小事而大吵？為什麼我們有時候會衝動買下一件昂貴又不實用的物品？為什麼我們在深夜無法抗拒垃圾食物的誘惑？為什麼經過了一場漫長的會議之後，還會產生出倉促的決策？

因為不管你平常多理智、多精明，你都沒有辦法像一台電腦，連續不斷地付出百分之百的腦力。

決策疲勞相關研究的學術權威、心理學者羅伊・鮑邁斯特（Roy Baumeister）認為，人類的心智是「有限的能量系統」，每當我們思考、決策、自我控制時，都使用了這個「心理能量系統」，也就是我們所謂的意志力。

不似一般身體的勞累有非常直接的感覺，「決策疲勞」或「精神疲勞」比較難被我們意識到，即便意識到，我們也往往會選擇忽視，覺得「再撐一會兒」就好了，但它的影響是在你不知不覺當中發生。

我們的一天，充滿了各式各樣微小的決定，從早上穿衣服，到菜市場買水果，選擇看什麼電影，每一個決定似乎都沒什麼影響，但也都需要花那麼一丁點兒的力氣，累積起來，「心理能量系統」就會有耗損。

你有沒有想過，為什麼超級市場都在結帳的地方促販零嘴、糖果？其中很大的原因是當你逛完了整間商店，做了這麼

多選擇之後，意志力已經打折扣，這時候，你看到零食往往更難以抗拒。

當你理解這一點，就更能夠設計自己的日常生活習慣，例如，把最需要專心做決定的事情，放在一早精神最好的時候；如果你要訓練自己早起，那你最好前一天晚上就把衣服準備好，這樣能減少你迷迷糊糊搭配不出衣服的可能性，很多人挑著挑著，就挑回床上去了……

要特別注意的是，有許多決定是在「潛意識」發生的，就有研究發現，大部分的人都會有潛意識的種族偏見，但不會展現種族歧視的行為，因為理性大腦會壓抑這些偏見；不過，一旦疲乏了，潛意識的偏見效果就會顯現出來，即便我們理性堅信自己是個沒有種族偏見的人 [2]。

總之，當你精神逐漸疲勞，大腦就會開始尋找「捷徑」，小心！你的各種判斷也更容易受到成見、偏見影響。因此，如果你會在某些特定的時間精神能量較低，就該把關鍵的工作避開那些有陷阱的時間，好好管理精神能量，試試看，你將迎來更高效率的生活。

[2]　Sabin, J. A., Nosek, B. A., Greenwald, A. G. & Rivara, F. P.（2009）. Physicians' implicit and explicit attitudes about race by MD race, ethnicity, and gender. *Journal of Health Care for the Poor and Underserved*, 20（3）: 896 - 913.

Action行動練習16
對的時間，做對的事

　　讀完這一講，你應該可以意識到「精神狀態」對你產生的隱形影響，接下來，你也能對於自己每天的精神起伏做好理性的設計和規劃。

　　根據我的觀察，本人的精神狀態早上最好，下午落到谷底，晚餐後又會提升，因此，我會把最耗腦力、要做困難決定的事情放在早上；下午時間則用來做重複性比較高的瑣碎行政工作；晚間，我常常心血來潮，當靈感敲門，我會快速寫些東西，急筆寫完之後，留到隔天早上再好好編輯。

　　建議你可以透過回答以下問題，來看看自己的精神能量。

Ready...go！

精神能量快問快答

Q：一天之中，什麼時候，會最容易陷入決策疲勞的狀態呢？

A：

Q：什麼時候會最容易精神不集中，最拿不定主意，最不耐煩？

A：

Q：什麼時候，又是精神狀況和脾氣最好的呢？

A：

　　同時，請思考：如何安排一天行程，把關鍵的工作放在精神最好時，並避開決策疲勞陷阱的時間？

第十七講
解剖你的決定

　　你是決策者嗎？先別急著說「不是」，光是「直線前進」這個簡單動作，在大腦主導下，你的眼睛、耳朵、腳步隨時都在根據地形高低、四周行人等因子做各種微調，才能讓你一步步往前走時，不只維持直線，同時又不摔倒──連直線走路背後，都有千千萬萬個小決定發生。

　　在上一講，我們提到了「決策疲勞」，以及它對我們的決策與意志力的影響；根據鮑邁斯特教授的研究，意志力就如同肌肉一樣，會隨著使用而疲勞，光是做決定所需要的思考過程，也會消耗我們的意志力，決定越複雜，消耗就越大。

　　我們是否有更好的思考方式，可以幫助我們更果斷、善於做決定，而且是可以鍛鍊的呢？

　　有！首先，讓我解釋大腦做決定時的思考流程，在這一講，我要介紹的是心理學中的「盧比肯決策模型」（Rubicon Model of Action Phases）。

　　一聽到這拉風的名字，就知道模型背後是有典故的：

　　西元前 49 年，凱撒大帝征服完高盧之後，意氣風發地到了盧比肯河邊，根據羅馬帝國的法律規定，任何將軍都不能帶領

他的軍隊越過盧比肯河，否則就會被視為叛亂。

這時候，凱撒大帝面臨難題，要是他不帶任何軍隊過河，在羅馬帝國境內將沒有任何依靠，政敵可能會起而攻之；如果他帶著軍隊進入羅馬帝國，就意味著內戰即將展開；與幕僚討論後，凱撒最後做出決定，他當時的一句名言就是：「骰子已經擲出了！」（The die is cast！）於是毅然決然帶著軍隊，勢如破竹地驅逐政敵，攻下羅馬。

英文有一句諺語叫作 Crossing the Rubicon，意思就是「做了一個不能回頭的決定」，即能明瞭「盧比肯決策模型」的精髓。根據模型，決定的過程可分為三個步驟：

◎決策三步驟

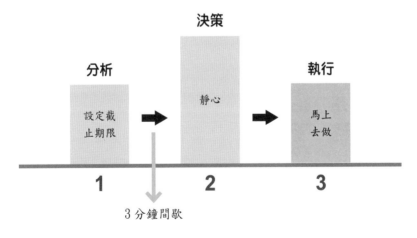

　　首先是「決策前分析」（Pre-decisional Phase），針對每一個可能，做好利害分析和沙盤推演。

　　第二個階段是「進行決策」，根據分析來選擇方案，進而最後決定。

　　第三個階段是「決策後執行」，以凱撒來說，實際過河的當下，就是他的行動。

　　在哪一個階段，最耗損我們的意志力呢？實驗結果發現是「進行決策」這一刻；雖然決定本身往往不需要很長的考慮，但那段時間，竟然比「決策前分析」和「決策後執行」讓人更累！

　　你可以用這三個階段反觀自己——很多人做決定時，前面花費很多時間擔心，反反覆覆，覺得這個選擇好像不錯，那個選擇好像也可以，消耗了許多精神，再花意志力做決定，雖然做出決定，又忍不住反悔，擔心決定不正確，搞得自己很累，又沒有效率。

　　典型天秤座如我，也有同樣的毛病，什麼事情都要考慮很久，拿不定主意；但當我學習了「盧比肯決策模型」，我意識到，這裡有很多被浪費的精神能量，而能量應該被花在刀口上。

　　於是，我採取了一個辦法，就是把「盧比肯決策模型」各個階段區分得很清楚。

　　首先，在「決策前分析」的階段，我只專心做一件事，就是好好蒐集資料，並訂下明確的期限，包含所有的評估、閱讀、上網搜尋、找人討論、尋求意見；但是，我不做任何決

定，純粹吸收資訊，期限一過，立刻喊停，記住，如果沒有期限，你將沒完沒了。

　　接下來進入「決定」階段，當然也要設立決定的期限，做決定之前，我會先閉目養神片刻，哪怕一分鐘也好，盡量不去想這個決定，放空自己；有一個很好的方法，就是做 20 下深呼吸，3 秒吸，3 秒吐，加起來 180 秒，等於 3 分鐘，這能讓大腦有短暫的休息，充一下電，你需要給自己這個小小的間歇，大腦才不會在你做決定的時候斷電，做出衝動或有偏誤的決定。

　　最後，請記住凱撒大帝的名言「骰子已經擲出了」！一旦決定，接下來，不再猶豫，而是直接行動，因為「懸念」最耗腦力，既已決定，精神能量就應該完全放在觀察，並應對決定之後發生的所有事情；如果此時還三心二意，腦袋就卡住，繼續消耗能量，陷入身心疲憊，包括焦慮、失眠、精神不集中，這些都是不好的狀態。

　　這好比是爵士樂手，如果即興演出時，他頻頻擔心：「糟糕，不知道我這個音符吹出來對不對，好不好聽？」如此一來，精神就無法集中在他真正該做的事，也就是聽其他樂手如何互動，創造出有默契、美妙的即興音符。

　　其實，我們的每一天都是一場即興演出。

　　猶豫所造成的焦慮只會消耗你的動力，如果已有足夠的考慮時間，也找了充分的資料，那麼就做決定吧！接著，開始行動，把精神調整成前進的力量，這才是正確的精神管理方法。

Action行動練習17
決定的FU也很重要

　　做決定可能會耗掉許多精神能量，除了理性分析之外，也要注意自己的感覺，尤其如果你所做的判斷是在自己熟悉的領域，那第一時間的「直覺」也頗有參考價值。

　　你也應該要問自己：我喜歡這個決定嗎？我有把握嗎？做了決定後，你就要採取行動，而這些也都要給自己一個執行的期限，才不會浪費自己已經花費的精神和時間。

　　以下是「盧比肯決策模型」，你可以從很小的決定開始，例如：選哪一間餐廳跟朋友約吃飯？你可能覺得「這麼小的事，哪需要思考」！不過，這就是為什麼我們要練習的原因，當你留意自己的每一個決策過程，久而久之，你做事情將條理分明，同時減少精神能量的浪費。

（範例）

第一步：準備

我要做的決定是：＿＿＿＿＿跟朋友吃飯的餐廳＿＿＿＿＿

為了回答這個問題，我需要蒐集的資料包括：

＿＿＿＿＿交通方便、餐點美味的餐廳清單＿＿＿＿＿

我要在 ＿＿＿本周四＿＿＿ 之前完成這個步驟。

第二步：決策

我的決定是：＿＿＿＿＿上個月吃過的那間日式餐廳＿＿＿＿＿

我對這個決定的感覺：

＿＿＿＿＿非常期待與朋友分享美食＿＿＿＿＿

我要在 ＿＿＿本周四＿＿＿ 之前完成這個步驟。

第三步：執行

根據決定，我要做的行動有：

＿＿＿＿＿致電餐廳預約時間＿＿＿＿＿

我要在 ＿＿＿本周五＿＿＿ 之前完成這個步驟。

「小決定」練習

第一步：準備

我要做的決定是：＿＿＿＿＿＿＿＿＿＿＿＿＿＿

為了回答這個問題，我需要蒐集的資料包括：

＿＿＿＿＿＿＿＿＿＿＿＿＿＿＿＿＿＿＿

我要在 ＿＿＿＿＿＿＿＿ 之前完成這個步驟。

第二步：決策

我的決定是：＿＿＿＿＿＿＿＿＿＿＿＿＿＿

我對這個決定的感覺：

＿＿＿＿＿＿＿＿＿＿＿＿＿＿＿＿＿＿＿

我要在 ＿＿＿＿＿＿＿＿ 之前完成這個步驟。

第三步：執行

根據決定，我要做的行動有：

＿＿＿＿＿＿＿＿＿＿＿＿＿＿＿＿＿＿＿

我要在 ＿＿＿＿＿＿＿＿ 之前完成這個步驟。

第十八講
讓身心跟著動次動次

　　想像一下，能量就像是一個水池，越用越少，得休息之後，讓水重新補滿；你是否好奇：有沒有可能「擴建」水池呢？在這一講，我將介紹三個撇步給你。

　　在上一講我們學到了「意志力」往往敗在決策當下的猶豫不決，而我們的意志力是一個有限的能量，經過使用之後也會耗損──大腦的能量和身體的能量息息相關，決策疲勞之後，身體可能跟著懶洋洋、不想做事；同樣的，當身體很疲憊的時候，你的大腦也不會太靈光。

　　如果你今天想要鍛鍊意志力，就需要身、心一起鍛鍊。

　　第一個強化意志力的方法是運動。人人都知道運動對身體好，會促使大腦分泌多巴胺（dopamine），讓你放鬆、情緒穩定；最新的腦神經研究[1]也發現，運動甚至可以改造我們的大腦，長期規律的運動可以讓大腦創造新的神經元，提升記憶力，進行深度邏輯思考的區塊亦會擴大。

---

[1] Ratey, J. J. & Hagerman, E.（2013）. *Spark: The revolutionary new science of exercise and the brain*. Little, Brown & Company, 2013.

　　一旦停止運動，即使只是攤在沙發上，一周之後，先前因為運動得到的好處將會開始從大腦消失，夠警世吧！下次要偷懶之前，為了你的大腦著想，記得持續運動。

　　第二個強化意志力的方法就是「玩」。你沒有看錯──玩，能讓大腦更具可塑性、適應性與創造性，沒有一件事情比玩更能激發我們的大腦，連最講究效率的專準主義者也推崇玩樂的效果；玩樂可以幫助我們探索原本看不到的可能性，人們透過玩樂，無懼於嘗試、探索，如同我們在本書的第一講到第五講概念，透過嘗試與探索（不論是向自我內心或向外在世界），才能看到更多。而且，玩樂是一個絕佳的壓力解方，我們每天工作會面臨不少壓力，這些壓力會弱化工作表現，玩樂中，我們自然而然放鬆身體，大腦中的壓力中樞也被抑制；當然，玩樂不應該成為你「不做事」的藉口──要提醒你，給自己適當的玩樂時間，用不同的方法動腦，包括下棋、打牌、打電動、做模型，轉換思考方式，有助於大腦保持靈活。

　　從運動到玩樂，調節一天的精神能量的方法，應該被「刻意」設計在一天當中。

　　最後一個強化意志力的方法則是「吃東西」。血糖會影響大腦的功能和運作模式，當血糖偏低，人們比較無法抑制衝動，難以思考長期計畫，換句話說，意志力也會受到其影響。一旦我們補充大腦的血糖，大腦就會「活過來」，有意思的是，有研究顯示，讓人做很需要意志力的工作，一直到意志疲

乏，這時候只要給他們一點糖分，哪怕是不怎麼好吃的純糖，都可以看到意志力有短期的提升，賭神每次在牌桌上吃巧克力，原來是有科學根據的 [2]。

不過，這絕對不是要叫你不斷吃糖，而是要提醒你：你必須從生理的角度，隨時自覺自己所攝取的飲食熱量，盡量維持穩定、均衡，並且多元的飲食習慣，讓大腦有穩定的血糖濃度，別在飢餓之後狼吞虎嚥，頓時很亢奮，然後一落千丈，長久下來，對身體不僅產生負擔，還可能誘發後天性糖尿病。

鮑邁斯特教授多年的研究結論是：能夠做出一個好決定，並不是你我永遠存在的特質，真正明辨善斷的人，會小心保存他們的意志力，避免安排一個又一個會議，並且建立好習慣，幫助自己減少無謂的意志力浪費，即便是最有智慧的人，也無法在非常疲憊且血糖低下時做出好決定，所以他們不會在半夜 4 點的時候來思考組織的策略，或是在喝酒的場合做出承諾，就算真要在晚上 11 點做出決定，絕不會讓自己餓肚子。

運動、玩樂、均衡飲食及定時定量，這些看似跟工作無關的事情，其實是非常重要的，不只能讓你更健康，還能幫助你在工作上做出更好的決定。

② Gailliot, M. T., Baumeister, R. F., DeWall, C. N., Maner, J. K., Plant, E. A. Tice, D. M. Brewer, L. E. & Schmeichel, B. J. (2007). Self-control relies on glucose as a limited energy source: willpower is more than a metaphor. *J Pers Soc Psychol*, 92 (2)：325-36.

Action行動練習18
意志力強化──從今天起

如果你還沒有開始管理自己的精神能量，我建議你，不如今天就開始！好好記錄你一天的精神狀況，在什麼時候吃東西？什麼時候運動？認真檢視身心狀態，為自己建立更好的身體能量吧！

在手機上設一個鬧鐘，每小時響一次（當然，睡覺時不需要這麼做），每次當鬧鐘響起來的時候，請在表格上記錄自己「當下」的精神能量（10 為最高，1 為最低）。舉例來說，當鬧鐘在早上 11 點響起，你就標記出你的精神狀態，等一天結束之後，再把每個小時的點連成一條線，於是，你的精神能量追蹤表就誕生了！建議你不妨持續追蹤一周，看看是否有任何明顯的趨勢，例如你的精神什麼時候特別好，什麼時候最糟？是否在某些時刻有明顯的起伏？

下圖是我的「個人能量追蹤表」，請你在下一頁的空白表格中，試著畫出自己的精神能量趨勢。

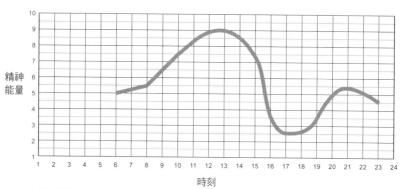

使用方法：
1. 給自己每小時設定一個鬧鐘提醒
2. 每小時記錄自己當下的精神能量（1-10 分）

10 分：神清氣爽、精神抖擻
1 分：精神渙散、昏昏沈沈

個人能量追蹤表

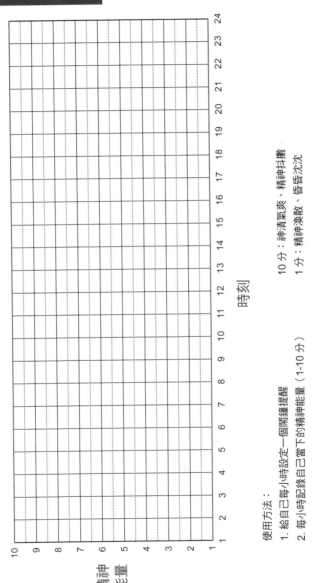

精神
能量

時刻

使用方法：

1. 給自己每小時設定一個鬧鐘提醒。

2. 每小時記錄自己當下的精神能量（1-10分）

10分：神清氣爽、精神抖擻。

1分：精神渙散、昏昏沈沈

第十九講
別讓自己壞掉

　　俗話說，休息是為了走更長遠的路，身處過勞時代，有限的工時內，我們常常想塞進越多工作、跟它拚了！但，那不是好的時間管理，與其讓身體「壞掉」，不如透過「番茄鐘」這樣的小工具，了解自己工作與休息的節奏。

　　二次世界大戰後，美國一群作家開啟文學運動，他們多半懷抱著玩世不恭的浪蕩靈魂，被稱為「垮世代」（Beat Generation）；其中的代表作家傑克‧凱魯亞克（Jack Kerouac），在創作《在路上》時，廢寢忘食，黏了一條長長的白紙，塞進打字機，只花了三個星期就大功告成。

　　然後呢？凱魯亞克因為肝硬化，導致食道靜脈曲張，大量吐血，手術後，他沒有恢復意識，年僅 47 歲就去世了。

　　年輕時，我一度認為，創作一定要在夜深人靜，抽根菸、喝杯咖啡的催化下，工時越長、休息越少越好，然而，增加工時，固然提高生產力，卻只是一時的──我們忽略了「能量」是有限的資源，精神能量若是耗損，進入「決策疲勞」的狀態，工作更容易出錯，你可能做出衝動的決定，或是只看到單一面向，難以觀照大局，即便做得多，卻不見得比較好。

　　過去，管理學強調「時間管理」，沒錯，時間管理是一件非常重要的事，但在日趨忙碌的生活中，專注在「時間管理」會使我們陷入迷思：只要做好時間管理，就能把更多的事情塞進有限的 24 小時當中。

　　後來，我發現如果培養了更健康的作息，創意不但沒有減少，反而還更穩定、可靠地產生——統計顯示，白領專業工作者一天當中，至少會經歷 87 次的思慮中斷，換言之，即便你想要提高工時，可能也會被同事、電話、即時通訊或社交軟體打斷，難以專心。

　　其實，如果你能夠非常專心，只要工作 3 小時，就可以抵過一般人 8 小時的工作；搞不好一天花 12 小時工作，做的是只要 4、5 個小時專注就能做完的任務。

　　對大腦來說，專心跟放空的時間同等重要，我們常常以為，認真工作就是要不停地專心做下去，實際上，為了讓我們持續專心，偶爾分心和放空是必要的。

　　該怎麼分配工作與放空的時間比例？你可能聽過「番茄鐘」（pomodoro technique）這個技巧，這是義大利人弗朗切斯科・奇里洛（Francesco Cirillo）發明的，之所以稱為番茄鐘，不是因為此人愛吃番茄，而是因為他運用了一款番茄造型的計時器（現在用智慧型手機也可以啦）。

　　番茄鐘的技巧很簡單：首先，請先設一個 N 分鐘後會響的

鬧鐘，然後投入工作，專注於手頭上的事，並忽略手機訊息、email 等雜訊，N 分鐘一到，立刻休息，讓自己離開工作——當你有明確的工作時間，又有固定的休息當作「回報」，往往比較容易火力全開，同時抗拒分心。

近年來，有許多番茄鐘的手機 APP 出現，最近，一間軟體公司 Desktime 分析了用戶的大數據，發現最有效率的工作和休息比例是 52 分鐘的專心工作、17 分鐘的休息。

知道了這個新數據之後，我也更新了自己的番茄鐘，設定 52 分鐘工作／ 17 分鐘休息，你也可以試試看，從這個基本配置比例開始，再根據精神狀況微調，找到最適合自身的間歇長度。

所謂的「休息」，不是你回到家、下了班，才算是休息。就算你今天很早下班，你可能會發現自己即便回到家，還是一直在滑手機，雖說看 YouTube 短片好像是休息，沒花什麼大腦，但休息的重點不是「人在哪裡」，而是「你在做什麼」。

在這樣忙碌且追求效率的時代，你比以前的人更需要「高品質的休息」。

如何做到高品質的休息呢？你需要讓身心有調動轉換——如果你一整天坐在電腦前沒動，那「運動」會是很好的休息，雖然它是在消耗體力，但你讓本來沒在動的身體動起來，同時讓用了太多的大腦能稍微放空，這樣的調動，會對你的身心平衡有很多的幫助。

　　如果你實在太累了，不想要動，最起碼可以做到的是，別讓已經疲憊的大腦繼續看一大堆腦殘的影片和訊息，不要讓已經用到出血絲的眼睛，再繼續追劇而變得更乾澀，你認為看影片放空叫「休息」，其實眼睛已經超過負荷，發出抗議訊號。

　　的確，有不少歷史上的曠世巨作，是藝術家燃燒生命換來的，但那些藝術家後來的下場呢？（想想一開頭談到的「垮世代」代表作家凱魯亞克⋯⋯），我今天不是要教你如何當個偉大的藝術家，而是希望能讓你度過更長遠、更穩定、更快樂充實的人生。

　　身體動完了，腦袋動；腦袋動完了，身體動──你會發現，一天過完了，你的身體和大腦都會告訴你，現在好想睡覺喔！這時候，就聽從使喚，乖乖就寢吧！

　　你的身體會感謝你的。

我的睡眠神器 Sleep cycle

90 分鐘是個神奇的時間循環單位，不只可用於「工作／休息」，也適用於睡眠——睡眠從快速動眼期睡眠（rapid eye movement sleep，簡稱 REM sleep）到進入深層睡眠的非快速動眼期睡眠（non-rapid eye movement sleep，簡稱 NREM sleep），此一循環大概也是 90 分鐘。

當你計畫早起時，建議你應該比平常早 90 分鐘（一個單位），身體反而比較不會累，最近，我使用一款 APP「Sleep cycle」，只要把手機放床頭櫃（可以放飛航模式），APP 會偵測我呼吸的聲音來判斷我的睡眠深淺度（我感覺滿準確的）。在我設定好鬧鐘後，它不是準時叫醒我，而會在設定時間前後半小時內，在我比較淺眠的時候叫醒我。

其實，睡回籠覺反而是最糟的，當你進入睡眠循環，睡到一半起床，可能會越睡越累喔！

掃一下 QRcode 或輸入連結，即可下載。

apple 版

Android 版

Action行動練習19
休息，最難的自律

　　想像一下，自己變身一顆電池，你必須要休息、充電，對於我而言，這是最難的自律。

　　年輕時，我是一隻夜貓子，創作時不眠不休，跟它硬幹到底（這樣的好處是我根本沒有生理時鐘，也很少有時差）；年過40，我才發現倘若今天決定多拚一下，明天會意識到怎麼那麼累……一次又一次，我終於學乖了，生活也越來越規律。

　　年輕時，我還可以燃燒，年紀越大越無法，因為只要熬夜，就是跟隔天的自己「貸款」。

　　最近，我回頭審視以前在學校運動校隊的朋友，他們體育好，功課也好，早上五點就起來練習划船，他們告訴我，早起不難，早睡才難──是啊！在大學五光十色的生活中，拒絕派對，時間到了立刻休息，需要很強大的自律能力，因為他們需要（need to）這樣做，否則隔天的身心狀態根本無法負荷高強度的體能練習。

　　現在開始，你可以記錄自己的「工作／休息」比例。生理上，計算合適的工作、休息時間，創造屬於你的番茄鐘。

計算出屬於你的番茄鐘

　　既然有大數據告訴我們「52 分鐘工作／ 17 分鐘休息」，請你也跟著這樣做：設定好 52 分鐘的鬧鐘，這段時間專心工作，鬧鐘一響，停，好好休息 17 分鐘，用這樣的方式工作一天之後，你的感覺如何呢？真的更有效率嗎？請寫下你的「番茄鐘」實驗心得。

　　依照你的身心狀態，譬如說，你覺得連續工作 52 分鐘實在太長或太短，可以再自行增減，找到屬於你自己的「番茄鐘」吧！

劉軒說

▲ 番茄鐘紀錄表

工作　　　　：　　　　～　　　　：　　　　　共_____ min

休息　　　　：　　　　～　　　　：　　　　　共_____ min

工作　　　　：　　　　～　　　　：　　　　　共_____ min

休息　　　　：　　　　～　　　　：　　　　　共_____ min

我的最佳番茄鐘：_____ 分鐘工作／_____ 分鐘休息

第二十講
行雲流水的能量

先前我們談到能量有限，通常，我們工作會隨著時間拉長，越來越累；但有沒有工作會讓人「打完收工」後反而神清氣爽？有的！這次就要來跟你談談越做越「不累」背後的祕密。

從第十六講到第十九講，我們理解「能量（意志力）是一個有限的系統」，但在這一講，我要來「打破它」，跟你聊一聊心理學上有點違反常理，令人不解的現象——心流。

首先，我要介紹一位來自匈牙利的心理學者，他被視為近代最有影響力的心理學者之一，我相信，他應該也是擁有最難拼音的心理學者，他的名字是米哈里・奇克森特米海伊（Mihaly Csikszentmihalyi），以下，我稱他為米哈里教授。

米哈里教授在 1970 年代時發現：多數人工作一天之後筋疲力盡，但是，有些人會工作一整天之後，竟然還精神抖擻，你如果讀完前幾講，應該會疑惑：這些人不是在工作嗎？應該會消耗能量才對啊？精神能量又是從哪裡來的呢？

於是他開始研究特別有「創造力」的人，例如頂尖運動員、音樂家、學者……每個人都會提到自己有時候會有那些精神抖擻的狀態，當時，米哈里教授訪問了一位著名的鋼琴作曲

家，作曲家描述了他在創作時候的心情：

　　我會進入到狂喜的狀態，在那個時候，我感覺不到自己，我好
像根本就不存在，我的手好像跟我的意志無關，我坐在那裡，帶著
崇敬和平靜的心情，音樂就這樣自然而然地從我手中流瀉而出。It
"flows" from my hand.

　　1975 年，米哈里教授首次發表了他對於這個神祕現象的
研究，並給它一個很傳神的名字「心流」（flow）。什麼是心
流呢？它是特殊的精神狀態，當你在極度專注時，完全沈浸其
中，效率和創造力提高，讓你忘記時間、忘記飢餓、甚至忘記
所有不相干的身體訊號。
　　一旦你從這個狀態出來，你可能會覺得口渴、肚子餓，但
精神依舊很好，心情也很愉快；換句話說，雖然肉體消耗了能
量，心靈反而補充了能量，不只是在創作、運動領域，甚至在
職場上，「心流」也有可能發生。
　　研究發現[1]，如果你在日常生活中，能夠重複且規律地進入
「心流」狀態，也能夠提升你整體的幸福感（well-being）、生
活品質，令你更快樂，生活更積極；如今，心流是「積極心理

---

[1] Brown, K. W. & Ryan, R. M.（2003）. The benefits of being present: Mindfulness and its role in
psychological well-being. *Journal of Personality and Social Psychology*, 84: 822-848.

學」中非常重要的研究方向，要如何更容易進入心流狀態，目前研究歸納出以下五個條件：

一、你要熱愛你所做的事。

二、你要具備一定的技能，對你做的事有主控的能力。

三、要有挑戰性，但不會太有挑戰，難度大概微微超過你當下的能力（10%）。

四、要有階段性的回饋和獎勵。

五、要有明確的目標，並且知道大致的步驟。

這五個條件都具備的時候，你所做的事情，將更容易讓你進入心流狀態；有一個產業，完全理解這個道理，也運用這個道理來設計產品，我相信大部分的人都曾經使用過這產品，你知道是什麼嗎？

答案是電玩遊戲。

如果你曾經迷過電玩，你也許擁有廢寢忘食、完全投入的體驗吧！為什麼打電動會有這樣的魅力呢？我們來一一檢視：首先，電玩很有趣，感官設計很刺激，故事性強，你會玩它，因為你喜歡；二、電玩的設計上，讓你很有主控感，得以快速上手操作；三、電玩會設定難度，還會不斷調升難度，讓你覺得有挑戰性；四、過了特定關卡之後，你會得到獎勵；五、你會有明確的階段性目標，像是打魔王、蒐集寶物、過關等。

發現了嗎？這跟「心流」的條件完全吻合，難怪打電動

那麼引人入勝，還會上癮；如果電動遊戲能夠按照心流的原理設計，讓你獲得心流的好感，給你更多動力，甚至主動想要玩它，我們是否能按照心流的原理，設計自己的工作呢？

好好思考一下，讓工作變得像小遊戲，「玩」翻你的工作，給自己設計一些樂趣，一邊工作，一邊進入心流狀態。

Happy FLOWing!

劉軒說

如果「心流」讓人忘記時間流逝⋯⋯

進入心流狀態，越做越不累，此時仍要依隨番茄鐘準則，定期休息？還是隨著心流做多久是多久？

當這本書的編輯問我這個問題，我想了一下，還真是個好問題。我認為，這要看你從事什麼樣的工作──如果你在創作過程中進入心流，你當然可以隨著能量繼續創作，但從一個長遠的角度來說，「大腦」這部機器仍需要固定休息。

以我個人的經驗，當身體習慣了某一種間歇模式，大腦反而更容易在該專心的時候進入心流，時間到了，大腦也會習慣性地自動「換檔」，讓你休息片刻。

所以，對於一般工作來說，我還是覺得「固定的休息」（番茄鐘）很重要，而在專注的時間內，我們則要設法讓自己達到 flow。

Action行動練習20
寓工作於玩樂

　　英國程式設計師尼克·佩林（Nick Pelling）在 2002 年發明了「遊戲化」（gamification）一詞，「遊戲化」的意思是：在非遊戲的場合，譬如工作，使用遊戲的元素，遊戲化的目標並非找樂子，而是將遊戲中吸引人著迷的元素，應用在非遊戲的場合中，激勵人們達到一定的目標，並感到有趣。

　　我也常常在工作中「找樂子」，譬如處理電子郵件，我會坐在書房裡的電腦前，設定好目標，面對每天上百封 email，並非每一封都要回覆，一見到滿滿的 inbox，我會把 VIP 的電子郵件放入資料夾內，每十封 email 為一個單位，給自己半小時回覆，「按馬錶」是非常必要的儀式，不按就很容易分心，半小時 KO 這些電子郵件後，看到空空的信箱，我就覺得神清氣爽，然後，我會好好獎賞自己，譬如放空分神一下，或跟小孩玩，不准讓自己看螢幕。

　　於是，明明是例行瑣碎的工作，一旦成了遊戲，也能有「心流」的感覺，請留意，在你的生活裡，什麼時候會進入心流的狀態？如何能夠將心流狀態複製到生活其他的地方？請透過以下導引練習。

一、專注時間

關掉手機與電腦的訊息提醒。切斷干擾源，給自己一段不被打擾的時間和空間。

二、訂定目標

為工作訂定明確的目標，參考之前練習，試問自己：「如何知道我完成了？」

三、工作挑戰

讓工作有所挑戰，而這挑戰需要高出你的能力約 10%。這樣難度下，你需要專注努力，又非完全達不到。

四、設定關卡

把給自己的挑戰、執行計畫和目標，明確定義出來。告訴自己有幾件事情要完成？關卡、里程碑在哪裡？越清楚越好，這是一天的任務，每天都做更新。

五、即時獎勵

給自己設計即時的回饋獎勵。例如：完成了小階段，可以向同事或主管要回饋，或是自己好好犒賞自己一番。

Step

5 正向，
不簡單

準備好朝向未來出發了嗎？
行動之前，希望你能深呼吸、停一下下。

Just imagine it！想像不只是「空想」，
而是用力想未來的細節、你可能的情緒，
想像沒那麼簡單，一起上路吧！

第二十一講
你值得做夢

先前我們談了能量與修復，接下來，我們要一起出發去旅行，不過免買機票，也不用訂房，而是靠「想像力」：我們常常設想未來的自己如何如何，直到泡泡「啪」一聲破了，才從白日夢中醒來；其實，夢想是需要技巧的，接下來，我們要展開一連串想像力練習，讓「心想」離「事成」更近一些！

「嘿，最近過得如何？」

「普普啊！就活著。」

短短幾個字，生活成了生存，背後有濃濃的厭世感。很多人自覺被生活「卡住」，覺得人生老這樣、總這樣，事情就這麼多、社會就這麼亂、薪水就這麼低……面對未來，該怎麼辦？

你做出的決定，是有具體規劃、一步步積極實現？抑或是沒有仔細多想，走一步算一步，反正船到橋頭自然直？無論歸屬於哪一種，其實人類大腦時時刻刻都幻想未來，在放空、發呆的時候，大腦不但活躍，而且是某些固定的迴路在活躍，因為這似乎是人在清醒時的「預設模式」，於是在腦神經學研究中這被稱為「預設模式迴路」（default mode network）。

這個預設模式迴路有許多重要的功能，包括：蒐集關於自

己的敘事記憶（autobiographical memory）、思考他人的想法以及他們可能或不可能知道的內容、回顧過去發生的事件、展望未來可能發生的事件，以及反思自己的情緒。

把這些功能加總起來，腦神經科學研究者認為，這個「預設模式迴路」的功能，很可能就是創造我們的「自我意識」；甚至，聽故事、看電影的時候，個人的預設模式迴路會特別活躍，而且有明顯的同步性。

但如果這個故事的訊息太碎片化，則不會出現這種反應，所以預設模式迴路很可能負責綜合故事情節，讓我們有「身歷其境」的感覺——種種研究告訴我們：人類大部分的時候都在「想像中」過日子。

相信不少人曾經有過暗戀的對象，我們在暗戀某人時，會幻想出很多情節：你可能想像和他一起出去玩、看電影、聊心事，甚至幻想功力比較高強的朋友，還會勾勒與這個人一起步入紅毯、結婚之後生小孩的生活——有橋段、有故事，甚至有不同的結局。

研究顯示[1]，只要你想像自己正在做一件事情，就會讓你的心跳和呼吸發生改變，好像你真的在做那件事，所以，想像練習（visualization）的確是個很有效的方式，就連奧林匹克運動員都會把這個技巧排入訓練，不過，他們是「想像」整個運動過程，而非只有抵達終點的喜悅。

　　時空拉回到 2008 年的北京奧運，水立方場館裡，男子 200
公尺蝶式決賽登場，美國游泳名將「飛魚」麥可・費爾普斯
（Michael Phelps）游到一半，蛙鏡突然進水，眼前霧茫茫一
片，他居然還有本事率先觸壁，搶下金牌。靠的是什麼？正是
想像力！

　　早在賽前，費爾普斯運用心像預演（mental rehearsal），
用「心」練習游泳過無數次，儘管視線不清，他靠著打水的次
數，就能判斷池壁和自己的距離，最後，他再度打破世界紀
錄，成就北京奧運最不可思議的驚嘆號。

　　這樣的心像預演並不會有什麼動作，而是在腦袋裡想像練
習的過程與細節，練習時，最好有教練在旁邊提供指引，讓自
己更能「心」臨其境。同時，空間必須安靜，讓練習者可以放
鬆身體，專注於預演的標的，以費爾普斯來說，就是好好在腦
海裡游泳，一旦全心投入其中，往往不會太輕鬆。

　　近年來，積極心理學者採取行動，幫助人們打破舒適圈；
然而，任何破壞、離開、改變都是難受的，一切的開始是希望
與夢想，當你夢想讓事情不一樣，它才會開始不一樣，人生中
這麼多的「不可抗力」，當你臣服，便等於是把生命交給運
勢，更可怕的是，很多人可能從小就受到打壓，被大人們諄諄
教誨：有夢想是幼稚的，別想了，趕快腳踏實地、活在當下！

　　生活難道是一連串的不得已？

　　當然不是，你希望有什麼樣的生活？還記得在第一講的行動練習裡，你已經簽下了登機證，希望到達理想的國度，我們也在前面的章節中準備好自己的身心。現在，就讓我們一步步實現這趟旅程吧！

① Walker, L.G., Walker, M.B., Ogston, K., Heys, S.D., Ah-See, A.K., Miller, I.D., . . . Eremin, O. (1999). Psychological, clinical and pathological effects of relaxation training and guided imagery during primary chemotherapy. *British Journal of Cancer*, 80（1－2）: 262－268.

Action行動練習21
讓「想像」領你奔馳

　　做計畫的時候，你一定會做許多「理性」的評估，但往往我們會忽略，甚至刻意壓抑自己的「感受」。

　　「感性」與「理性」都很重要，兩者都具有參考價值，話說「跟隨自己的心，但別忘了提著腦袋」，想像練習的同時，可以特別留意自己的感覺反應：有沒有哪裡特別不舒服？有沒有哪裡讓你有期待的感覺？一路想像到達成目標後，你心中的感覺是什麼？

　　這麼做，可能會讓你有點累，但如果你光是「用想的」就會累，那該自問：是否設定計畫的時候已經過於樂觀，或是低估了過程的難度呢？你是否因為知道前方有一些險阻，以至於遲遲不願開始，一直拖延時間呢？

　　記得，我們不只是要想像未來的結果，還包括那些感官細節。

觀察你的預設模式迴路

　　請你找一個舒服的位置坐下來，花 5 分鐘休息一下。

　　我要你讓自己的腦袋天馬行空地跑，讓它愛想什麼就想什麼。

　　我要你當個「旁觀者」，意識到自己的思路變化——你覺得自己的思緒是平穩的，還是衝動的？你會在不同的場景之間跳來跳去，還是偏「線性」的想像？

　　當我們讓大腦自由發揮的時候，就會自動進入「預設模式迴路」，我們的夢想和未來的計畫，也在這個迴路中進行各種模擬和沙盤推演；今天，如果我要你從中挑選一個願望來實現，你會選擇什麼？

　　請這位思路旁觀者的「自己」，在腦海裡飛行的眾多念頭中「摘」一個下來，把意念灌注進去，讓它成為你的願望吧！

將這個願望寫下來，我希望……

_____

_____

_____

_____

_____

第二十二講
聰明達陣

　　那幅屬於你的夢想風景，是抽象畫？寫實畫？還是根本還沒畫？在這一講，我們將一起運用「SMART原則」，讓想像更具體。你將發現，想像的威力非常驚人，可以讓你離目標又更近一些……

　　阿拉伯沙漠裡，又累又渴的年輕人突然腳一絆，摔倒在灼膚的沙子上。原來，他踢到一盞古老油燈，想起老哏的神話故事，他立刻搓了燈，突然，身高好幾公尺的巨人燈神精靈出現在他面前——

　　「我的主人呀！感謝你讓我出來透透氣，我將讓你實現三個願望！」燈神說。

　　年輕人：「第一，我要很多很多錢！」燈神吹了一口氣，年輕人身旁突然冒出成堆的金銀珠寶。

　　年輕人驚呆了，趕忙又說第二個願望：「我要很多很多的美女……」剎那間，一大群名模等級的美女從遠方向他奔來……

　　年輕人暗忖，怎麼辦，只剩下最後一個願望，於是，他緩緩說道：「我第三個願望是，我還要更多更多更多的願望，就跟燈神一樣，要什麼，就能變出什麼！」

　　燈神皺皺眉：「年輕人……你確定嗎？」

「當然確定啊！」年輕人握緊拳頭。

　一抹狡猾的微笑閃過燈神的臉龐：「太好了，等了這麼久，終於抓到交替，換你進去油燈啦！」

．．．

　為什麼要以神燈笑話揭開序幕？因為，如果你的願望只是「成功！」「快樂！」「心想事成！」這麼抽象的話，就連撿到了神燈，也無法知道真正該跟燈神要什麼……

　因此在想像或做計畫的時候，你必須要有具體的目標。

　在第二十一講，我們開始練習想像、許願，當你親身執行，會不會覺得有點不著邊際？心理學中，有不少技巧可以讓「想像」更「具體」，聽起來是不是有點矛盾？如果你讀過《祕密》這本書，裡面提倡「幻想一件事已經發生，它就會心想事成」。

　事實上，心想事成沒那麼簡單，有一個計畫或願望，該怎麼許願，才不會連自己都「黑人問號」，更不至於像沙漠裡的年輕人一樣被燈神訕笑？在這一講，我要給你一個好方法，叫作「SMART 原則」，SMART 五個英文字母各自代表了訂定目標的重點：

Specific
目標要具體

Measurable
進度能夠被**測量**

Actionable
可以透過**執行**而達成

Realistic
構築於**現實**，而非
過度美好假設

Time-bound
有完成的**期限**

　　舉個例子，我在寫這本書之前，便對自己許下願望「要在三個月之內，完成新書的 100 頁細部大綱」。這樣的願望，正符合 SMART 原則，也可以順利幫助我跟心內的燈神好好溝通。

　　使用想像力還有另一個重要功能，是幫助你「認識自己」：假設你身處職涯選擇的十字路口，立志擔任跨國管理顧問公司的專業顧問，透過「SMART 原則」，你可以先向很多前輩請益，了解成為顧問之前，需要付出哪些努力？時程表該怎麼訂定？多少時間以前有機會完成？

　　你可以開始幻想。

　　除了用「SMART 原則」思考，你也不妨想想：成為顧問後的生活，你可能西裝筆挺、打領帶，跟某公司的高階主管談策略，你一眼就看出企業內部的問題，眾人對你非常崇拜，可以周遊各國參加社交雞尾酒會，想到這裡，你可能就會覺得全身輕飄飄，好像要飛起來……

　　「想像力」可以給我們帶來短期的快樂和慰藉，幫助我們分心、轉移痛苦、忍耐苦悶；但如果你要透過幻想來加強自己的動力和執行力，那就必須要想像整個過程，如同費爾普斯絕不會只想著拿金牌，而是在水之外想像自己的泳姿。

　　很多年輕人都會問我，怎麼知道自己的心是對的？很簡單，去傾聽內心美好的夢想，也想像糟糕的夢魘，雙重想像之後，才有辦法告訴你接下來該怎麼做──放手或拾起，做出選擇也將不再那麼難。

劉軒說

正向幻想

當你幻想自己完成了一件事情,你的身體狀態也就會做出「已經到終點」的反應,開始放鬆。如果你希望度過無助的時光,這或許是好方法,比如:明天有一個考試即將放榜,此刻你可能坐不好、吃不下、睡不著,該怎麼辦呢?考試已經考完了,現在你做任何事情都不會改變結果,「正向幻想」可以幫助你!你可以幻想明天獲得好成績,心情愉快,這樣一來,這一段等待時光也就沒那麼煎熬了。

舉一些「正向幻想」的極端例子,如果你是快要渴死的沙漠旅人,想像自己找到綠洲、喝到水,可以讓你的大腦更容易捕捉一些有關水源的環境訊息,幫助自己更容易找到水;據說二次大戰中,納粹集中營部分猶太人就是仰賴想像外面自由的日子,來對付極度的身心摧殘。

Action行動練習22
讓你的目標更SMART

請再次寫下你在第二十一講的願望，按照 SMART 原則，把這個抽象的願望轉成具體目標：

二十一講的願望：＿＿＿＿＿＿＿＿＿＿＿＿＿＿＿＿

（請寫下 P.173 的願望）

Specific
目標具體
☐

Measurable
能被**測量**
☐

Actionable
執行而達成
☐

Realistic
構築**現實**之上
☐

Time-bound
有完成**期限**
☐

轉換具體目標：＿＿＿＿＿＿＿＿＿＿＿＿＿＿＿

　　設定好你的 SMART 目標之後，再去想像一下……當你達成了這個目標時，心裡會是什麼樣的感覺？當你的目標具體化之後，是否會更容易想像你達成它？

　　你會發現，整個想像的感覺順利許多，能量也會比較集中。

　　除此之外，我希望你在讀完這一講之後，能夠跟身邊三個人分享「SMART 原則」這個心理學小技巧，聽聽他們未來的計畫，給予正面的鼓勵，在鼓勵別人的同時，讓自己也享受正能量的補充。

第二十三講
障礙預報：放手學

出門前，你會看天氣預報嗎？明天該帶傘，或是多添件衣服，透過大氣科學，讓我們可以提前應變；如果這世界上，能夠有「障礙／挫折」預報，該有多好？誰能來幫幫我們？

在第二十二講的行動練習，我們已經學著用 SMART 原則來檢視目標，這兒，我想進一步談談一個想像的技巧，是由紐約大學心理學教授歐廷珍（Gabriele Oettingen）所發明的「心智對比」。

心智對比有兩個步驟，我們一起來體驗一下，開始練習前，請你找一處安靜舒服的角落，坐下來，盡量讓自己的身體放鬆，記得帶著紙筆，將想像的這一切記錄下來：

第一個步驟，是你需要有一個計畫或願望，對你而言，下一周最重要的願望是什麼？或許是工作，你正面對全新挑戰，像是跟客戶提案；或是你想要約心儀的對象出去約會，正在計畫完美的行程；還是你可能要進行重要的課程報告——這些願望不應該是太困難，也不能太夢幻，是一個你可以仰賴目前的能力，花一些工夫，就有機會能夠達陣的目標，可以用三到四個關鍵字，把計畫寫下來。

　　寫好之後，請你想像，如果一切順利的話，最好的結果是什麼？是你成功跟客戶提案，為公司爭取一筆大案子，全公司同事都跟你道謝嗎？還是你跟你心儀的對象一起吃一頓燭光晚餐、看了一部好電影，度過浪漫的晚上呢？又或者是你在學校的報告非常順利，接下不再需要擔心課堂成績了呢？

　　無論如何，成功之後，你有什麼樣的感覺？滿足嗎？開心嗎？興奮嗎？盡可能生動地去想像這些結果，包含每個細節，還有感官體驗，並且把它記錄下來。

　　接著要做的，是「心智對比」的第二個步驟，也是關鍵的一步：請你想一想，在達成這些目標之前，你可能會遇到什麼阻礙？可能在哪些地方失敗呢？

　　是你可能會在提案前一天太過緊張、沒有睡好，導致當天精神不佳嗎？還是有可能你跟心儀對象出去的那一天，碰上大雷雨，而你們沒有雨天備案，導致一場好好的約會泡湯呢？或是你與同組組員默契不佳，讓最終的報告品質低落……

　　仔細想一下，哪些是你可能預見、遇上的阻礙，而哪些障礙又是真正的障礙？請盡可能深入思考，並且找出阻擋你的關鍵障礙物，再一次生動地想像，其實，在心智對比中，並沒有正確、客觀的障礙，而是希望你能經過尋找、思考、想像，找出最有可能阻礙你的東西，別急著嘗試解決它，光是想像就可以了，最後，將障礙的相關事情、場景等細節一一記錄下來。

　　然後，回到你平常的生活，不過在接下來的 24 小時內，希望你可以對剛才設定的目標付出一點點力氣，哪怕是幾分鐘也好，問問自己：「你內心的動力，是否跟之前有所不同？」

　　心智對比厲害的地方在於「後勁」，那是很奇妙的感覺，當你在「心智對比」的時候，步驟是非常重要的，你需要先設定目標，做出選擇，幻想最好的結果；再來，想像這些阻礙，如此才能發揮心智對比真正的效用。

　　研究結果證實[1]，練習心智對比的學生，願意花更多時間準備考試，考試分數跟著拉高；這個練習也被證明，對於培養各種好習慣，改變壞習慣都有所幫助，從增加運動量、鍛鍊身體、拒絕不健康的飲食、甚至戒菸……聽完之後，是否很興奮呢？

　　是的，我也覺得很神奇，所以我建議你可以把這個技巧養成習慣。

　　要提醒你的是，「心智對比」這個技巧通常適用於「長期目標」，每天需要付出一點努力，以自我訓練馬拉松為例，每次出門練習長跑前，有許多事情讓你分心，有朋友約唱歌、想上網連線打遊戲、加班無止盡……那些當下看起來更重要的事情，讓你陷入內心掙扎，那麼，你可以試試看心智對比。

---

[1] Oettingen, G.（2014）. *Rethinking positive thinking: Inside the new science of motivation*. New York: Penguin Random House. 歐廷珍，《正向思考不是你想的那樣》，天下文化，2016年10月。

　　如此一來，你是否把「心智對比」和第十六講所提到的「心理能量系統」串聯起來了？當你想要做一件事，設下一個目標，潛意識會把一些「能量」放在目標上——當你想提高馬拉松的戰力，同時又想做另外一件事，或非得處理另外一件事，動力又會跑到那兒——你一會兒想做 A，一會兒想做 B，二者都需要動力，雙方拚命拉扯，就像肌肉一樣打結，你可能最後兩者都失去動力。

　　一旦運用想像力來「心智對比」一下，首先，你認定「馬拉松」這個目標，這促使你必須做出選擇，而且你想像目標達成的好處後，潛意識也更願意配合——那一刻，A 成了明確的目標，B 就是 A 的阻礙。

　　原本兩個都想抓的你，這時候不必再糾結，你的內心對事情重新定義（mental reframing）：一個是願望，另一個成了阻礙，雖然想像的過程會造成壓力的感受，重新定義後，原本緊緊抓著不放的「懸念」終於鬆開，你也比較能夠放手。

　　試想，我們是否花費心力、精神，在一些當下自覺應該努力的事物上，到頭來卻是一場空？要是可以在一開始，透過心智對比做初步的判斷，為自己打預防針，那內心動力會減少拉扯，也比較能夠捨棄那些不重要的瑣事。

　　這樣的技術可以應用在生活各個層面：感情上，你可以思考、了解哪些是妨礙了彼此關係的因子，該克服障礙？或是果斷放手？

事業上，做商業抉擇的時候，你能快速篩選、思考即將降臨的危難；學習新事物時，也可以發揮非常重要的效果，尤其是如果你有接受到「正向回饋」，將會對你有相當大的幫助。

潛意識確實很奇妙，好多原始的動力和衝突都在潛意識發生，讓我們不知為何做出一些愚蠢的決定，甚至搬石頭砸自己的腳；然而心理學多年來的研究與拓展，讓我們有一些簡單可行的技巧，現在，你也可以透過鍛鍊，強化你的動力來源。

劉軒說

讓心智對比更強的祕密──正向回饋

如果你跟第一次打棒球的小朋友說：「我覺得你的動作很棒，很有成為一流選手的潛力。」那小朋友會有什麼反應？他肯定會覺得備受鼓勵，更有自信，也更有動力──心智對比結合正向回饋，可以讓動力有加乘的效果。

歐廷珍教授曾做過有關「創意」實驗，她找來 150 位大學生，把這些人隨機分成兩組：第一組，她告訴他們：「你們剛剛取得了相當好的成績，創意潛力超過 90% 的人！」另一組，則告訴他們：「你們剛剛表現比大部分人稍有創意一點點。」接著，請他們針對「創造力」這個題目進行心智對比，最後，再請他們真的去完成一個關於創意的考驗，像是空間規劃或數學計算，結果發現，獲得「正向回饋」的這組人，得到的分數遠高過另一組人。

Action行動練習23
讓人生變化球少一些

　　鬆懈是人的天性，先前，我們介紹了「心智對比」的技巧，心智對比是一個系統化的思考技巧，過去你可能會使用這個技巧的其中一部分，比如說，你可能只想像結果，或是只考慮到即將面對的障礙，卻忘記將這兩個部分結合起來。

　　是時候該好好運用心智對比，捕捉人生變化球了！

再度檢視你先前透過 SMART 原則寫下的願望，有哪些可能遇上哪些「凸槌」？請一一盤點……

目標：＿＿＿＿＿＿＿＿＿＿＿＿＿＿＿＿＿＿＿＿＿＿＿＿

（請檢視 P.179 的行動練習）

夢想道路上的風景與碎石

狀況一

例如：到了健身房，卻發現運動衣沒帶………

你心裡的感覺是……

若遇上這樣的狀況，我該………

_____

_____

_____

_____

_____

在狀況設想中，請充分用想像力「經歷」這個過程，想像它真的發生了，你會怎麼辦？

狀況二

你心裡的感覺是……

若遇上這樣的狀況，我該………

在狀況設想中，請充分用想像力「經歷」這個過程，想像它真的發生了，你會怎麼辦？

第二十四講
你今天 WOOP 了嗎？

　　馳騁在夢想的道路上，我們聰明想像、運用「心智對比」確立目標、掃除障礙，在這一講，我們要離目標再近一點，還需要具體的計畫，在這一講，我將結合「心智對比」和「實施意向」，告訴你 WOOP，讓你離期待的成就更近一些。

　　從美國回到台灣落腳轉眼超過 10 年，2008 年，台灣媒體仿效日本，每年年底邀請民眾投票選出一個代表性漢字，從 2011 年的「讚」之後（當時 Facebook 日趨普及，「按讚」成為流行用語），接下來幾年，年度代表字都讓人挺沈重的：憂、假、黑、換、苦、茫……

　　話說長時間觀察社群網站，我發現不少網友很擅長「悲觀思考」，曾經，我在社交網站分享一則短片，驚呼某樣新發明可能改變地球，結果留言串出現一大堆「但是」：在台灣絕對行不通、濫用新發明該怎麼辦……負面想法一個接著一個，然而我不禁狐疑：新發明給予他們什麼靈感火花？抱怨或預先想出困難點是個必要的一步，但重點在於接下來你要做什麼啊？

　　難道光說一句「這個行不通」就算了，結果改天別人做出來的時候，又說：「我早就有想過要這麼做！」

這種馬後炮，一點用都沒有。

要擺脫一味抱怨的人生，我們必須回到「想像－前進－目標」的軌道上。之前幾講，我們介紹了「心智對比」，如果你還懷疑這個技巧的威力，紐約大學心理學教授歐廷珍深入研究了「心智對比」的影響力，她曾經找來一群女學生做實驗，請她們依照過往的自身經驗評估「實現願望」的可能性有多高，然後再進行心智對比。

結果發現，如果一開始認定自己比較可能成功，心智對比會讓你更有動力完成這件事情；反之，如果一開始就覺得自己不太可能成功，心智對比反而會讓你更沒有動力去做這件事情，歐廷珍教授連續做了幾場實驗，得到的結果都很類似：如果你的自信不足，或是你的目標設定太高，捫心自問，你根本就不相信自己能夠達成，那麼，潛意識怎麼可能願意把動力放在那上面？

換句話說，你的目標與計畫，應該是實際上有機會達成的（還記得第二十二講的「SMART 原則」嗎？），同時，也需要對自己有足夠的信心；如果因為帶了太多包袱，或當下生活太亂，你還是覺得信心不足，那麼，請回頭把前幾講的練習再做一遍，整理好自己的過去和當下，給自己多一點自信和動力空間。

要實現願望，除了運用「心智對比」，還有一招是「實施意向」（implementation intention），實施意向的第一步同樣是

「目標」，但光是目標還不夠，如果能夠把實現目標的路徑，也就是你如何克服障礙、如何專心、如何達成的計畫事先寫下來，將大大提升成功的機會。

「實施意向」的許多理論和研究，來自於心理學者戈維哲（Peter M. Gollwitzer），他曾經把撰寫耶誕報告的學生分成兩組：一組要先擬好計畫，說明在何時、何地、用什麼方式完成這篇報告；另一組則放牛吃草，不用陳述接下來的報告規劃──實驗發現，事先詳盡規劃的學生，有 71% 如期完成報告；另一群學生則只有 32% 完成報告。

題外話，戈維哲教授是歐廷珍教授的丈夫，他們還真是心理學界的神鵰俠侶啊！

而要做到實施意向，最核心的技術是「假設」（if-then 的設定）：假設 A 事件發生，我就執行 B 方案，比如說，如果我懶得運動，就要請好朋友督促我、罵醒我；我立志減肥，每次看到甜食總會被誘惑（obstacle），那可以先訂定一個計畫，如果自己看到美食而忍不住的話，要立刻打電話給好朋友，請他斥責我，這樣的提醒機制，正如同我們在第十三講提到的「尤利西斯合約」。

那麼，我們可以把心智對比和實施意向合併使用嗎？當然可以！而且這樣最有效，這也是歐廷珍教授、戈維哲教授夫婦聯手開發出來的一套極好的方法，叫作 WOOP。

WOOP 代表了四個字，由四個動作所組成：

W，是 Wish，也就是願望。你最想要達成的願望和目標是什麼？

O，是 Outcome，結果。你內心設想最美好的情況是如何？

第二個 O，是 Obstacle，也就是障礙，你要達到這個美好結果，可能會遇上什麼困難、什麼阻礙呢？

P，是 Plan，計畫。你要怎麼計畫一個實施意向，靠這些計畫，來克服你可能會遇見的阻礙呢？

太多人在 WOOP 中，只有模糊的 Wish，沒訂好 Outcome，看到 Obstacle 更是卡住──其實天秤座的我，日常生活中常常考慮再三，就拿籌劃朋友聚會來說，對步入 40 歲的男人而言，好朋友實在很重要，除了事業、家庭，這就是第三隻椿腳了，真的朋友，其實不需要總是為彼此做什麼，光是知道有那些人在，到了月底會見面瞎聊，放在心頭有一種溫暖，這樣就夠了。

而我們這群好友，每月的最後一個星期五會共進晚餐，只是光要找聚會場地，就讓我考慮老半天，面對這樣的 Wish，我找起餐廳時，要不覺得地點太遠、要不覺得菜色差強人意，胡思亂想各種 Obstacle；後來，我把 Outcome 更明確定義為「大家可以待得舒服、好好聊天」，很多疑慮便顯得多餘，頓時煙消雲散，我的餐廳篩選 Plan 自然出爐。

　　記得喔！要按照 WOOP 的步驟進行，只列出優劣表（pros and cons）效果可能不如預期；如果無法具體化什麼是「好結果」，不妨運用想像力，想像一下自己真的喜歡這樣的結果嗎？譬如說，最後選定的餐廳，真能讓我和這群好友們激烈交鋒，講完之後又能舉杯哈哈一笑嗎？

　　想像並不「空洞」，反而可以很「實在」，如前幾講不斷強調的，具體而充滿細節的想像非常重要，好好運用 WOOP 這樣的工具，當一個 WOOPer，別只當 Complainer（抱怨者），務實看待每個階段可能遭遇的困難，審視之後，用最樂觀的方式對待難題。

　　這才是真正的正向思考。

＞ Action行動練習24
航向正向思考

　　相信書本前的你，絕不甘於只是抱怨人生，但，我也不希望你只是簡單地正向思考——歐廷珍教授在《正向思考不是你想的那樣》（Rethinking Positive Thinking：Inside the New Science of Motivation）這本書中，提出了一個核心精神：很多人覺得樂觀思考、正向思考就夠了；但實際上，如此「心誠則靈」的樂觀反而可能害慘自己。

　　跟之前的練習一樣，找個舒服的位置坐下來，讓自己先放輕鬆，想像一個你生活中或工作上希望達成的願望，並用幾個字把它寫下來。

　　針對這個願望，最好的結果會是什麼？發揮自己的想像力，感受那個最好的結果，並用簡單幾個字寫下來；接著，在你內心中，有哪些因素可能會是願望的阻礙？想像這個阻礙的感覺，並簡單用幾個字描述。

　　最後，請想一下，當你碰到阻礙時，可以做什麼事來應對？

　　這樣，你就完成了 WOOP 的思考過程了！用這樣的方法來思考、計畫，能有效激勵自己完成，雖然感覺很簡單，但重點就在於——你是否有花時間把你的計畫具體寫下來。

　　動手做吧！

練習一下WOOP吧

給自己三分鐘的時間，深呼吸，調整自己的狀況。

第 1 步：願望 Wish
在下方用一句話寫下你想要達成的願望。

第 2 步：結果 Outcome
想像一下，最好的結果是什麼？而你的感覺將是如何？

第 3 步：障礙 Obstacle

你可能會碰到的障礙是什麼？

第 4 步：計畫 Planning

如果你碰到上述的障礙，該怎麼克服？

第二十五講
讓「呸呸呸」變「嘿嘿嘿」

Hey！你變身 WOOPer 了嗎？有沒有發現 WOOP 這套思考方式既正面又實際？千萬別以為船到橋頭自然直，其實人生的確有許多變數，我們必須要有憂患意識，做好準備，然後就可以用最樂觀的態度來面對接下來的日子與挑戰。

某一天，你必須認識你屬於哪個世界，什麼樣的權力主導著它，以及你自己的生命源泉；你必須意識到，分配給你的時間是有限的，而如果你不用它來釋放自己，它將會消失，永遠不會再回來。

——羅馬皇帝奧里略（Marcus Aurelius），《沈思錄》（Meditations）

最近幾年，歐美國家再度風行西元前 3 世紀的「斯多葛學派」（Stoicism），羅馬帝國五賢帝時代最後一個皇帝奧里略正是其中的代表人物，他的《沉思錄》也堪稱自我對話的千年經典之作。

在這兒，我不打算深入談論斯多葛學派的奧義，但斯多葛學派信徒的中心思想很值得我們學習：面對事情、目標，應該要區分能控制、不能控制這兩大塊，接受那些不能控制的，同時把注意力集中在能夠控制的，並且做最壞的打算，以便做出

最好的準備。

　　如同這位「哲學家皇帝」所說，我們必須把握分配給自己的時間好好「釋放自己」；至於人生的不如意、主導著世界的各種權力，既然無法撇得一乾二淨，只能做好準備，從容面對。

　　這讓我想起，前陣子我父親去做健康檢查，跟護理人員聊起自己買到了一塊很好的「墓地」──護理人員當場不知道怎麼反應，他反而一笑置之，直嚷著生老病死很自然……

　　「我也不想早死啊！所以才來你們這兒做體檢，不是嗎？」

　　這種話題在我家從來不是禁忌。從我十幾歲就開始，每次爸媽出遠門前，總會交代哪個抽屜裡有信封，裡面放著保單、銀行帳號資料，如果有任何三長兩短，直接打開信封就能處理後事；也許你很難想像，當然十幾歲的我聽了也是渾身起雞皮疙瘩，但這就好比出國買旅行平安險一樣，為「最壞的打算」做「最好的準備」。

　　華人社會常常會有不少忌諱，認為講到不吉利的話題，本身就是一件不吉利的事，我們會說「呸呸呸」，要趕緊驅逐這個念頭，好像越去想，越容易有風險似的，但既然看見未來的風險，為何不採取行動？

　　心理學一向都認為，是我們的過去，形成了我們的現在，影響我們的未來；而近年來才出現的全新心理學研究領域「前瞻心理學」（Prospective Psychology）則認為：人們是一種看

向未來的動物，我們對「未來」的想像，也會決定當下的感受。

「前瞻心理學」主要的推動者是本書先前曾經提到的兩位學者，分別是「積極心理學之父」塞利格曼教授，以及「意志力權威」鮑邁斯特教授，兩位都是德高望重的學者。

前瞻心理學包含了兩個大項目，一是「心理表徵」（mental representation），包含你的情緒、反應與感受，以及這些感受如何形成你內心的風景；第二則是「對未來各種可能的評估」（evaluation of possible future），包含了計畫與預測各種可能選項的過程；這個研究領域不同於以往的地方在於：你是感到開心、還是難過？這要看你覺得未來會如何。

我的爸媽徹底看向未來，他們的身教給我上了寶貴的一課：凡事要面對現實，也該認清現實是複雜又無常的。如果你不刻意迴避，不去「呸呸呸」那些可能會發生的厄運，而做好準備時，反而可以老神在在「嘿嘿嘿」，樂觀過日子。

我爸爸即將邁入「從心所欲」之年。最近幾年，他的確越來越瀟灑，四處捐出自己的收藏，連夫妻倆收到的新婚賀禮，也往美術館送。

他說：「人越到晚年，就該過得越輕。」

我們想像勾勒的未來，會影響我們當下的情緒，微小至「旅行時光接近尾聲，不想回來面對」，大到「生死之間」，但人生都不應該迴避這些思考，反而應該勇敢面對，早一步提醒自己做好準備。

　　從第二十一講到二十五講，我們學到了如何對「短期目標」做更有建設性的想像，並且運用 WOOP 技巧做好規劃；接下來，我們要拉大時間跨度，看更遠一些。未來會發生什麼事情，沒有人會知道，但既然「對於未來的想像」之於「現在」如此重要，那麼，我們應該捲起袖子，努力建構一個良好的、有建設性的願景。

　　這本書即將進入尾聲，我們也已經做好準備，準備看得更遠，一起搭上時光機，奔向未來！

Action行動練習25
看向未來的白日夢

　　小時候，老師常會跟我說：「軒啊，你又飄到哪兒去啦？要專心！專心！專心！不要再做白日夢了！」我一直有豐富的內心世界，也喜歡待在那個自己構築的烏托邦，做各式各樣的幻想；後來，我看我妹妹長大時，也時常這樣；甚至我女兒千千也有這個特質，我經常看到她玩具收到一半，就會看著一個東西發呆，或在戶外，盯著陽光下樹葉擺動的影子直到出神。

　　我彷彿望見以前的自己，常常不忍心把她喚醒。

　　在一天清醒的時間中，我們平均有三分之一到一半的時間都處在這個模式，換句話說，我們其實常常在做白日夢，只不過沒意識到。

　　白日夢人人都會做，我們總認為那是在放空、浪費時間，一直以來，我也這麼認為；直到最近幾年，透過閱讀和研究，我相信做白日夢不僅是我們的本能，也是我們的權利。

　　我們都需要做白日夢，白日夢也幫助我們看到未來。

開啟白日夢模式，寫下十年後理想的一天──

　　你可能會很好奇這一講的練習，為什麼會是十年後？其實是要讓你擺脫對「現在」生活的想像；如果我今天請你想像的是「下個月理想的一天」，無可避免的，你會受到「當下」的條件所限制。

　　請你想像「十年後」，是要讓你去真正探索你想要的生活，十年也是一個長久的想像，中間充滿未知，所以你想像中的事情，是完全有可能發生的，只要你願意每天為這個理想做一點努力，十年後的你，一定有機會實現這些理想。

1. 你周遭的環境是如何？家的外表和擺設細節會是什麼樣子？

2. 你這一天的行程是什麼，見什麼人？誰會在你旁邊？

3. 你當下的感受會是如何？

The journey continues…

Step
6
相信你的
超能力

相信嗎，你擁有連自己都不知道的超能力！
我不是 X 教授，
但這本書的最後五講中，
我將透過心理學的小測驗，
帶你挖掘、駕馭屬於你的性格優勢，
協助你打造升級版的自己。

PERMA

第二十六講
·幸福恆久遠·

　　把追求「快樂」視為登山，人人也許有不同的途徑和短期目標，但抵達山巔，快樂了一陣子，然後呢？積極心理學者在研究幸福的時候，跟環保人士有同樣的追求——可續性（sustainability），說得更精確些，就是「可持續發展的幸福人生」（sustainable happiness），透過浩大的統計和分析，學者發現五大幸福營養素「PERMA」，倘若生活中擁有這些元素，可持續的幸福也將降臨。一起來盤點自己的「幸福營養素」夠不夠？

　　十年後的你，理想的生活會是什麼面貌？一覺醒來，睜開眼睛，你躺在哪裡？四周的環境是什麼樣子？身邊躺著什麼人？坐起來，看看窗戶外面，是什麼風景？什麼樣的光線？走出臥室，看到什麼？聽到什麼？

　　我想像的那一天，是從一個白色的、乾淨的、採光很好的房間裡醒過來，落地玻璃窗外，是藍色的大海，我可以聽到海浪的聲音；室內空曠而摩登，家具不多，走北歐設計風格，簡單、俐落、舒服——我的老婆剛運動回來，走進廚房，我聽到她打蔬果汁的聲音，兩個孩子則在海邊衝浪……

我十年後的夢想是從這個場景開始的。你呢？

我跟許多人玩過這個想像遊戲，幾乎每個人都很輕易能夠想像出豐富的場景，有些人連傢俱是什麼牌子、開什麼車，也能一一細數；也幾乎每人都能大致想像一天的理想行程（不外乎有許多享受的時間，可以做自己想做的事情，超級自由。）

不過，當我們把這種未來的幸福從一個點拉到一條線，也就是說從單獨一天，拉到一個月、一年，從一個場景變成一種生活風格的時候，許多人反而想著想著，就會開始皺起眉頭來。

「為什麼會皺眉頭呢？」我問。

「因為哪有可能一直在享福啊？這樣太不真實啦！生活再理想，還是得要工作啊！還是有家人要照顧啊！還是有那些必須處理的大小事啊！」

「把家人啊、工作啊……全部都包進來吧！」我說。

「包進未來的理想生活？」

「是啊！」

「……這哪是理想啊？！」

經過了一段內心抗拒之後，他們會開始理解，未來的想像不是一個單純的場景、一段假期裡面所發生的單點事件，而必須是一整個生活狀態，這個生活狀態包含了人生中必有的甜酸苦辣，也可能會有不舒適的時候，但整體來說是幸福的、是美好的，而且是持續成長的。

這也就是積極心理學者所稱的「可持續發展的幸福」；學

者自問：無論什麼種族文化，窮人或富人，有什麼「幸福的元素」能夠跨越表象的物質需求，跳脫那種「我有，你就沒有」、「我贏，你就輸」的零和博弈，而真正以最公平、人人都做得到的基礎，帶給人們持續、穩定的快樂，而且還能夠支撐人類未來持續蓬勃發展呢？

　　塞利格曼教授與許多積極心理學者，經過了多年的研究與歸納，包括來自全世界的訪問和大數據，所得到的結論是：一個人要有美滿的未來，必須要照顧五個重要的面向，這五大面向的英文字簡稱為 PERMA，P 是「好的感覺」，E 是「完全投入於活動」，R 是「良好的關係」，M 是「生命存在的意義」，A 則是「成就感」——準備好了嗎？我們來進一步認識「幸福的五大面向」：

P →「好感」（Positive Emotion）

　　「好感」聽起來很抽象，說穿了就是明顯的幸福感。好感有許多種[1]，舉例來說：在漫長的一天過後，睡飽了、泡個熱水澡，或是連舒壓按摩都讓人很享受；當我們看到孩子們在泥巴裡奔跑、跳躍、嘻嘻哈哈扮家家酒，或是自己休假時在電音派對上隨著音樂狂舞，都算是樂趣與享受。

　　我們在生活中需要好感和享受，但它有不同的面貌，重點

是，我們毋須執著於任何一種，難道被人伺候的豪華享樂才會有「好感」？當然不是，只需要記著：在不會傷害自己和別人的前提下，如果能夠找到穩定的好感或享受來源，那對生活的每一天都有正向的鎮定作用。

以我自己為例，我現在很喜歡清早起床，看著陽光，聽著身邊的世界緩緩甦醒，那總是讓我內心充滿平靜與喜悅，所以我如果得空，一起床就會往戶外跑，那是很穩固的好感來源[1]。

E →「全心投入」（Engagement）

你也許和我一樣，曾經體驗過專注於工作、或是埋首書堆時，完全失去了時間感，那種全心投入的時光，也就是第二十講所談到的「心流」，實現這種全心投入的狀態其實很自然，尤其是當人們參與自己喜歡且擅長的活動；我們也看到孩子們容易投入自己感興趣的事情。

---

[1] 你常常會聽到別人說，要保持正向思考、有正向情緒，什麼叫作正向的情緒呢？正向情緒不只是「開心」，開心也有很多種，芭芭拉・費德瑞克森（Barbara Fredrickson）教授研究正向情緒多年，她將正向情緒歸類出十種，分別是：愛（love）、快樂（joy）、感激（gratitude）、寧靜（serenity）、興趣（interest）、希望（hope）、得意（pride）、趣味（amusement）、啟發（inspiration）和崇敬（awe），你可以試著檢視，生活中，什麼時候會感受到哪些情緒？

　　但，為什麼我們長大之後，反而變得容易分心呢？如果我們很難投入在「我們該做的事情」上，因為它實在太苦悶乏味，那我們是否能在生活中的其他部分，例如跳舞、體育運動，或追求創造性活動和興趣、愛好等等情況時，再給自己一段能夠全心投入的時光呢？

R →「關係」（Relationship）

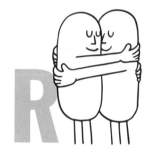

　　密切、有意義和親密的關係，對一個人的幸福感和心理健康有密不可分的關係，這不只是對於家人，也包括了與陌生人短暫的社交關係，以及與同齡人、同事、同儕的社交關係；這些關係都是積極情緒和支持的泉源，而且，良好的社交關係能夠讓歡樂、好感和笑聲有一種漣漪般的效果，幫助到每一個人。

　　將近八十年前，哈佛大學開始一項追蹤研究[2]（現在已經是全世界最長久的追蹤心理研究之一），得到的結論是：對一個人而言，影響一輩子快樂與否的最大因素不是錢、不是權、不是名氣，而是是否與別人有深刻、親密的關係。

M →「意義」（Meaning）

　　根據積極心理學者的定義，真正的幸福來源於「有意義的生活」，而不只是追求享樂和物質財富，意義感可以有很多來源：你可能有使命感，從事有意義的工作；同時，愛人並被愛，鼓勵人們考慮到「自己以外的人」的幸福，也是很有意義的感覺。

　　過有意義的生活，本質上與「將自己交付給一個比自己更大的使命」有絕對的關係，人生，不只是「自我」而已，於是乎有宗教信仰的人通常會比較容易獲得「意義感」，因為他們相信並崇拜比自己更偉大的神；但我們並非一定要透過宗教信仰方能獲得意義感，人人尋找意義的過程不同，所得到的答案也不同，重點在於「你是否持續尋找」。

---

② The Harvard Study of Adult Development（http://www.adultdevelopmentstudy.org）最早稱為「Grant Study」，起初，哈佛學者追蹤了268名1939到1944年的哈佛資優生，從他們畢業開始，每兩年追蹤他們一次；後來又加入了「對照組」456名貧窮的波士頓市區青少年。如今這「起跑點」非常不同的兩群人已都是老年人，而研究現在合併追蹤他們與後代，哈佛在2015年出版的研究報告Triumphs of Experience造成了熱烈討論，尤其是當研究主任George Vaillant直接說：「關係的溫暖對生活滿意度有最大的正面影響。」換句話說，幸福就是愛，如此簡單！

A →「成就」（Accomplishment）

在生活中有明確的目標，並努力實現這些目標，對幸福和快樂相當重要。達成目標有助於建立自信與自我效能感，而且也能夠激勵身邊的人，例如積極設定和實現目標的家長（例如天天健身，維持好習慣），往往也會幫助孩子培養類似的上進態度，這是典型的「身教勝過言教」，要補充說明：你不需要每一個設定的目標都達成，每一場比賽都獲勝才有所謂的成就，制定目標，並為實現這些目標付出必要的努力，與實現目標一樣重要。

你有沒有一些很會做、也做得很好的事情？你有沒有作品集？什麼事情會讓你感到自豪？你是否給自己設下一關又一關挑戰，然後逐步克服它們呢？你是否能夠培養高度自律的習慣，逐漸累積成看得見的良好改變？這些都會是很不錯的成就感來源。

• • •

「PERMA」經過大量研究證實，實際操作上，也確實讓許多人過得更快樂、更幸福，你可以把 PERMA 當作「營養均衡表」，要擁有健康的身體，飲食必須均衡，蔬果類、根莖類、蛋白質等營養缺一不可；同樣的，規劃未來生活、享受好日子

時，也應該全面照顧 PERMA 這五個面向。

　　要強調的是，PERMA 不需要五個面向都各占 20%；你往往會發現，某一段時間可能少了一些什麼「成就」，但這時或許你的「關係」能夠為你補充幸福；有些日子也許關係遭受了一些挫折，但你可以在意義感中找到精神寄託、或學習善待自己，享受生活。

　　若能更積極一些，我們甚至可以事前設計好「進補 PERMA 的時間」──譬如度假，要知道高品質的度假並非把時間塞得滿滿的，工作狂如我，平常已經 M、A 過剩，那休息時，便會多安排些 P、E、R。

　　不少為自己工作的人，也許 PERMA 都跟工作模式息息相關，但持平而論，人生並非只有工作；眺望十年後的理想一天，你既然能夠想像未來居住的空間，不妨試試看，用 PERMA 這個框架來想像在未來的生活狀態中，你會用什麼樣的方法，做什麼樣的事情，跟什麼樣的人相處，持續為你的 PERMA 帶來養分？

　　如此構思你十年後的理想生活，就會開始有新的清晰感和領悟！

Action行動練習26
為你當下的PERMA打分數

該怎麼衡量「幸福感」？我想跟你分享更為量化的指標，讀完這一講的 PERMA，請你拆解每一個元素，從以下四個面向打分數，可以打 0 到 5 分，PERMA 每一個元素最高可得 20 分，總分可以拿到 100 分。

這四個面向是──

Situation 環境：現在的生活環境中，是否有條件輕易讓你建立或獲得以上的幸福元素？

Memory 回憶：是否有一些特別鮮明的美好回憶，能夠讓你隨著時光流轉，隨時透過回想就能獲得這個面向的激勵？

Activity 行動：現在是否有採取行動，無論是在工作或是休閒，能夠為你帶來這種感覺？

Support 後盾：是否有一群人，能夠當你在這個面向受到了挫折或感覺無力時，幫助你重返佳境？

	Situation 環境 0～5分	Memory 回憶 0～5分	Activity 行動 0～5分	Support 後盾 0～5分	總分
P 好感					
E 全心投入					
R 關係					
M 意義					
A 成就					

　　做完後，你也許會發現，自己的 PERMA 元素排列中，哪些比較強，哪些比較弱。

　　例如，如果你的 A（成就）分數比較低，那就要看看：你是否能夠創造更容易有成就感的環境？也許你缺乏了成就的回憶？誰可以幫助督促、鼓勵你？現在的行動可以做更多什麼，藉此獲得更多日常的成就感？

　　幸福，是可以很具體的。

第二十七講
發覺你的性格優勢

　　之前我曾問過工作坊的學員們：「你覺得你的最大優點是什麼？」得到的答案五花八門：我很上進、我很會購物、我很節省……看了這些答案，你是否跟我有同樣感覺：優勢真是挺難定義！但哪些優勢，能為我們建構未來的幸福呢？

　　進入 20 世紀中期，心理醫生驚覺一個嚴重的問題：大家的診斷標準並不一樣。

　　心理疾病很難透過機器偵測，而必須透過人與人之間的互動、對話去判斷，每一位心理醫師解釋不同，可能就有截然不同的結果──針對同一位病人，A 醫師說「這個病人有躁鬱症」，B 醫師可能說「不是，他是抑鬱加上偶爾失眠」，兩人之間沒有測量的標準。

　　於是，美國精神醫學學會（APA）號召了一大票學者、醫師和專家，在 1950 年代為精神疾病設定一套診斷基準，以及共同的醫學語言，這一本參考手冊被稱為《精神疾病診斷與統計手冊》（The Diagnostic and Statistical Manual of Mental Disorders，簡稱 DSM）。

　　簡單來說，DSM 就是精神疾病的「聖經」，醫師可以查閱

這本書，看自己的病人符合哪一種心理疾病的症狀，並按照上面的標準給予診斷——精神醫學終於能夠標準化、系統化了，這固然是一大福音，也快速推進了精神醫學，但這不免也有代價：DSM 逐漸把「心理學」變成了「病理研究」。

自從出版以來，DSM 歷經五次改版，1952 年出版的第一版整理出 60 種精神病，最新的第五版（DSM-5）則擴增到 300 多種類別，原先的參考書，儼然成了一套百科全書了[1]。

可怕吧！

一群心理學研究者提出了抗議：為什麼我們只能夠把人視為「有病」還是「沒病」呢？即便是一個人沒有「精神疾病症狀」，那就表示這個人是幸福快樂嗎？就像是身體沒病的人，你能說他就一定是「身體好」嗎？

為什麼我們只有一套系統來標準化「心理疾病」，卻沒有一套標準來測量人的「心理健康」？再者，到底什麼樣的狀態，才算是「健康」的狀態？有哪些特質，如果擁有它，能夠幫助我們心理更健康，過得更幸福、更好？

抗議的聲音越來越大，「積極心理學」隨之誕生。

---

[1] Rosenberg, R. S.（2013）. Abnormal is the new normal: Why will half of the U.S. population have a diagnosable mental disorder? *Slate*. Retrieved from http://www.slate.com/articles/health_and_science/medical_examiner/2013/04/diagnostic_and_statistical_manual_fifth_edition_why_will_half_the_u_s_population.html

我們不禁要問：是現在人的毛病越來越多？還是診斷者有點激進，把什麼狀況都要貼個病理的標籤？按照現在DSM的標準，幾乎人人都會被診斷有某種方面的精神病……

　　積極心理學者的初衷，不是要跟精神醫師們作對——相反的，這些學者認為治病是非常重要的，只不過，同時需要從另外一個角度，看人們是如何心理健全的。

　　就跟人類的身體一樣，會有病態、常態與強態，一般而言，身體介於病態、常態之間，只有透過規律的訓練與充足的營養補充，身體才能慢慢變成「強態」。

　　大腦和心靈，也是如此。

　　該如何幫助自己的大腦變成強態呢？塞利格曼和克里斯多福‧彼得森（Christopher Peterson）這兩位學者認真探索這個問題，他們想找到一些人類共通的心理狀態，是確定能夠讓一個人的心靈正向，有助於人生茁壯發展的「性格優勢」（character strengths）。

　　首先，他們說：這些優點應該與「天分」不同，它們必須是能夠學得來的，而且應該是任何人都有機會能夠培養的。再來，這些優點應該建立在從古至今，無論在哪個文化，都肯定是「好」的特點。

　　還有，這些優點不應該有「排他效應」，也就是說，當一個人展現某種優點時，不應該只有自己好，而其他人卻很糟；換句話說，它不應該造成一個「零和博弈」的局面。

　　當然，這些優點也必須能夠被具體測量出來，也不能只是「沒有什麼負面的弱點」而已。

　　讀完這些標準，你是否要驚呼：真正的優點好難找啊！

　　經過了許多的思辨、討論、在全球的學術論壇發表並修正多次之後，學者們整理出 24 個性格優勢，歸納在六種「基礎美德」之下（請見附錄，但完成第二十七講的行動練習之後，再去看喔！）；這些人格特質，能夠對我們人生各方面都產生相當大的影響，只要你懂得善用好特質，它將是你的優勢，讓你更容易建立健康的心理和幸福的人生。

　　誰不要健康的心理和幸福的人生呢？我想在這個時候，你應該也會很想知道自己的性格優勢是什麼吧？快點到行動練習，進一步認識自己吧！

Action行動練習27
召喚你的優勢

　　要完成這一講的行動練習，你需要大約 10 分鐘的安靜時間，首先，請你試著回答以下 3 個問題：

1. 請你找出一位自己非常尊敬、崇拜的典範人物，說明他身上有什麼特質深深吸引著你？

2. 你認為自己的優點有哪些？

3. 從小到大，旁人都說你有什麼優點？

測出你的性格優勢

　　第二部分，要請你依照以下步驟，上網自我測試屬於你的優勢。
面對測出的結果，你也許感到訝異，甚至不以為然；我只能先告訴
你，這套系統經過了心理學界非常嚴謹地推敲，目前仍在微調修正
中，儘管這套理論 2004 年才問世，還算新穎，但目前各個領域都陸
續證實這套系統的正確性和效果，接下來，我們將進一步學著運用優
勢，拋光自己。

1-1　請打開網路，並給自己 15 分鐘的專注時間
1-2　連上這個網站：http://bit.ly/xuanviasurvey（ 或掃以下 QR code ）
1-3　開始測驗，GO ！

2. 請在這裡寫下你的前五大性格優勢

1. _____

2. _____

3. _____

4. _____

5. _____

3. 試問自己：結果符合你的期待嗎？自覺比較意外的地方在哪裡？

第二十八講
·接受自己的性格優點·

　　要說出自己的優勢並非易事，但有前輩心理學者跨越文化，找出了屬於地球村所有子民都認同的優勢，這些優勢宛若隱含在你血液裡的超能力，有些優勢甚至連你自己都沒有意識到呢！好好運用、意識到內在的珍寶，使其發光發熱吧！

　　做完優勢測驗，跟你原先以為自己的優勢有相符嗎？或者出乎你的預料呢？

　　你也許會在心中吶喊：「這也算是優勢？」我要先鄭重澄清一個觀念：這些優勢並非是我們一般所想的「工作優勢」或「競爭力」，而是讓你能夠更容易有心理健康和幸福感的優勢。

　　首先，一起檢視你的前五大優勢（也就是在清單上排列最前面的五個），這個組合被稱為你的「招牌優勢」（Signature Strengths）。你也許在第一時間會對測出來的結果覺得訝異，舉例而言，感激（Gratitude）也稱得上是優勢嗎？在我們的社會中，「道謝」往往被視為有禮貌，但對於未來的幸福發展，又會有什麼實際的幫助呢？

　　再談談原諒及寬恕（Forgiveness / Mercy），擁有這樣的優

勢，搞不好還會被詬病是「心腸太軟」，更極端的，是不是會被視為「比較好欺負」？我們不要忘了，這些測出的優勢，是讓一個人「有心理健康和幸福人生」，所以，當我們看到感激（Gratitude）的優勢註解是：「對他人的幫助並不視為理所當然，並時常表達謝意。」

或是原諒及寬恕（Forgiveness / Mercy）的註解：「原諒他人的錯誤，並給予第二次機會，人生依循的準則是仁慈，而非復仇。」

試想，這樣的人是否的確比較容易快樂、自在？只要這些優勢不是被「逼出來的」——例如被迫原諒一個人，或是一定要去答謝，但心裡不想，這些都不能算是性格優勢的表現。

能夠有感激、寬恕的心胸，的確是比較幸福的人，不是嗎？當你實踐這些性格優勢，尤其是前五大優勢，不知道你是否發現，會覺得更快樂——倒不是真的透過這些性格優勢，為你賺取了什麼有形或無形的財富，而是性格優勢本身被實踐後，個人往往會有愉悅、滿足感。因為你順性而為，不再堵塞。

因此，如果你還不太確定這些「招牌優勢」是否真的屬於你個人所擁有，不妨再問自己四個問題：

1. 當你在實踐優勢的時候，是否感到一種自然的活力？
2. 這個優勢真正能夠代表你嗎？你的內心是否會覺得「是的，其實這是真實的我」，即便你可能有時候會刻意壓抑它的存在。

3. 認識你的人，是否也會覺得這的確是你的核心特質呢？

4. 你是否經常發現，自己會在不同的領域或場景中，不經意地就會開始使用這個特質？

　　當你自問之後，確定這些性格優勢流竄於你的身體之中，先學習接受它們吧！為什麼要接受呢？有些人可能拒絕接受自己的優勢，例如一個大男人覺得信仰及靈性（Spirituality）這樣的優勢「太娘了」，或是一位女生覺得真誠與誠實（Authenticity/ Honesty）此一優勢只會讓自己得罪朋友、客戶。

　　我建議，先接受自己的優勢，接受了，就會順心，內心也不會再跟核心的性格優勢互相爭鬥。

　　如果能夠善用我們所具備、比較擅長的性格優勢，不僅會活得比較快樂、正面、積極，也容易找到人生的意義；我們不一定要讓自身的優勢「面面俱到」，心理學者發現，生活裡，光是撥出比較多時間、機會，好好運用自己最高分的五大性格優勢，就能讓一個人過得更快樂[1]。

　　研究也顯示[2]，如果能夠多運用自己的性格優勢，以學生來說，學習態度比較好，學業比較進步；工作上若能善用，則能對抗壓力跟解決問題。

　　你應該已經做完第二十七講的行動練習，現在，我想以自身為例，來解釋如何接納並運用自己的優勢：

　　我的頭號性格優勢是「創造力」（Creativity），測出結果後，我有點驚訝，不是因為我沒預想到，而是當我讀這個優勢的介紹時，發現在近年來，我早已經自然而然地在生活中大量運用它！「創造力」的特點就是「會用創新的方式來解決各種問題」，好幾年前開始，我就致力於「做一個有用的創意人」，因為我很早就覺悟到：我熱愛用創意來幫眾人解決各種問題！

　　老實說，我以前從來不覺得自己是一個特別有創意的人，因為我的創作品不多（完全出自於自己內心動力而創作出來的）；但現在，我知道創意並不一定要當藝術家才算是有創意──當我發現自己能駕馭這項優勢，對於我一天到晚自白「劉軒實在有夠幸福啊」也就不再感到不好意思，因為我的工作跟自身的優勢完全配對得上。

　　總而言之，在工作上若能運用你的頭號性格優勢，不僅會讓你工作起勁，甚至也更有使命感！

① Seligman, M. E., Steen, T. A. Park, N. & Peterson, C. (2005 Jul-Aug). Positive psychology progress: Empirical validation of interventions. *Am Psychol*. 60（5）：410-21.
Mongrain, M. & Anselmo-Matthews, T. Do positive psychology exercises work? A replication of Seligman et al. （2005）. *J Clin Psychol*. 68（4）：382-9.
② Harzer, C. & Ruch, W. （2015）. The relationships of character strengths with coping, work-related stress, and job satisfaction. *Frontiers in Psychology*, 6: 165.

　　從小到大，我們讀過少不少經典，從耶穌、超人到蜘蛛人等，一大堆超級英雄的身影中，我們不難發現：要真正從過去的自己蛻變為英雄，必須先接受身懷的絕技（超能力），這些超級英雄往往一開始，對於超能力是抗拒的，甚至是害怕的，但當他們接受了這個特點，與之共舞後，就能開始思考如何善用優勢。

　　同樣的，此刻，你也學會了接受自己的性格優勢，因為這些優勢都是你生命的一部分，而且它們充滿了能量，等著在你的生活中發光發熱。

Action行動練習28
優勢的蛛絲馬跡

　　再一次檢視你的前五大優勢，有共鳴嗎？我們要善用記憶，往回探索，試著回答以下問題。塞利格曼教授經過研究後，得出一個建議：不妨運用你的「頭號性格優勢」，來看看是否能讓你「最不喜歡做的一件事情」變得比較有趣？

　　針對你的前五大優勢，你可以先初步寫下一些筆記，第二十九講將會進一步解釋。

1. 你曾經運用你的性格優勢，解決生活上什麼問題？而結果如何？

2. 回想你最快樂的時候，當下，你正運用哪些優勢呢？

3. 連結到過去，翻回 P.74 的行動練習，在你分享的「我最光榮的一刻」，你是否不經意地運用了你的性格優勢呢？

第二十九講
用性格優勢達成目標

如果有一天你要遠行，在空間有限的行囊裡，你會準備些什麼？如果要遠行的地點是「未來」，性格優勢就是你的隨身必備，別只是放在身上，藏而不用，好好運用，你將發現自己的潛能與意志力比想像的更大。

請你想像一下：在工作、生活當中，最困難或你最討厭做的一件事是什麼？想一想，你可以如何發揮你的主要優勢，讓你最討厭做的事情變得比較有趣？

曾經有一個朋友說：「原本希望自己的最大優勢是勇氣，結果測出來竟然是『美和卓越的鑑賞力』，這對我有什麼用啊？！」這位朋友是個外型粗獷的大男生，平常擔任業務，但他最討厭的就是每天得開發更多新的客戶；他始終希望多一點勇氣，讓自己更有行動力，但他的第一優勢竟然是「美和卓越的鑑賞力」……

這有什麼用？

經過了一番思索後，他決定試試看，每天在拜訪客戶的路途中，停下來，拍一張有美感的照片，其實，他常常會注意到這些美景，也許天空、雲彩，或某個光影下的小角落，他之前選擇忽視，後來他買了一台相機，每天開始拍攝，他發現自己

原本最討厭的路程，反而變成了期待的事情。

　　這位大男生輕鬆地累積了許多很棒的照片，後來他開了部落格，把照片上傳，一年下來，粉絲數越來越多，他的照片也被看見，大男生獲邀參加國際攝影比賽——原本自己忽視的優勢，竟然創造了另一番局面，讓生活更豐富，也更有成就感，未來浮現出另外一條路。

　　不妨問自己兩個問題：一、關於這些優勢，我已經在什麼地方使用過它了？還有沒有一些其他地方，我能夠運用這些優勢？假設，你其中一項優勢是「好奇心」，你可以在生活中增加一些探索的機會，創造新鮮的體驗，比如說：每天上班時，能不能找出不同的上班路線？吃一頓沒吃過的異國美食？聽一位素人歌手的演出？

　　雖然說性格優勢是為了幸福人生，不見得能直接運用於職場，但當你打開雷達，留心自身的優勢，幫助自己，同時幫助別人的時候，你往往會發現更多可能性，心態也會有所轉變。

　　舉我自己的例子：我經常陪小孩做功課和閱讀，如果是閒暇的時候，我心情還不錯；然而，當我工作成堆時，老實說，陪小孩會讓我非常焦慮——這時候，我會提醒自己，我的前五大性格優勢中，有兩個分別是樂於學習（Love of Learning）和好奇心（Curiosity），所以我也盡量把這兩樣特質放進我與孩子相處的時間。

　　我會跟他們一起做實驗、解決問題；像是昨天晚上，兒子問我：「全世界第一個電器用品是什麼？」我立刻說：「好問題！」然後，我們上網去查，發現不是原先以為的「電燈泡」，而是「電報」；後來，我們甚至一起發現電燈泡並不是愛迪生發明的，這位發明大王只是做出了最耐用、能夠量產的電燈泡。

　　我們父子倆研究得不亦樂乎！

　　當然也有另一幅光景，是女兒讓我發揮「創意」優勢，我們一起玩故事接龍，有些朋友會說：「怎麼當爸爸的，好像比小孩還玩得更開心？」唉喲！讓我發揮性格優勢，當然開心啊！運用自身的優勢來帶孩子，也讓我自己更快樂、更起勁，why not ？

　　當你不斷使用這些性格優勢，你會變得更強大，也會升級為「更好版本的自己」，同時，你可以用這些優勢來幫助別人，讓他們跟著一起升級。

＜ Action行動練習29
駕馭你的優勢 ＞

「性格優勢」更大的魅力，在於你不只能夠幫助自己，還能幫助你身邊的人。

人與人的關係要好，有一個很重要的關鍵是：你能不能發掘他的「性格優勢」，並且幫助他發揮他的「性格優勢」；一旦你能做到這一點，你就能跟這位朋友建立起穩固、良好的關係，雙方也會更快樂喔！

未來工作表──用優勢來提升生活的PERMA

我要如何運用我的招牌優勢，來建立每天的好感，為自己和他人帶來正向的情緒？

我要如何運用我的招牌優勢，來幫助我更
容易全心投入當下所做的事情？

我要如何運用我的招牌優勢，來培養更深
刻、更有關懷和愛的人際關係？

我要如何運用我的招牌優勢，為生活
建立更強的意義感和方向感？

我要如何運用我的招牌優勢，來增加
生活中的成就感？

透過這一張未來工作表，你可以思考：如何在每一天運用性格優勢，逐漸達成長期的目
標？你可以自己思考，或是跟別人討論，你為自己設定的未來工作表應該是天天都能
做、更有機會培養成習慣。

第三十講
幸福宣言

　　終於，我們一起來到這兒了！透過之前每一講的學習和行動練習，一步步為你準備心智，讓你以最大的希望和正能量迎接未來。這是本書的最後一講，接下來的每一天，我希望換你自己講，大聲而無愧地告訴自己這段「幸福宣言」：

以對於過去的感恩
With appreciation of my past

以及對於現在的自覺
and awareness of the present,

我將把自己的優勢發揮在未來的計畫上
I apply my strengths toward future plans

並維持務實、樂觀和正能量。
with realism, optimism and positivity.

　　過去三十講，你學到了「心態」對每一個大小決定的影響。你知道怎麼讓自己變得更樂觀，也知道要如何整理自己的故事，運用這些故事能從過去連到未來，我們必須接納自己是誰，尤其是過去的自己，不論是過去多糟糕的一切、吃了多少苦，都該接受過去，並把那些經驗，透過故事轉為對別人有價值的分享，把過去式轉成未來式。

　　你開始整理空間，從生活空間，到訊息空間，甚至是清理內心的空間，為生活排定優先順序，學會怎麼控制雜事的源頭；你學到了如何節省、管理精神能量，認清能量不是來自於外在，而是發源於自我，挖掘出來自內在的力量，讓自己擁有更清楚的腦袋做決策，並且鍛鍊心流。

　　回望過去，面向未來——你學會了正確運用想像力，為自己喚起短期、中長期的夢想動力，並用 WOOP 的方式來處理潛意識的能量衝突，面對未來，我們並非需要堅持樂觀，而是踏實地做準備，也因為準備好之後，我們才有樂觀的本錢；最終，我們學到了「可延續的幸福人生」必備的 PERMA 元素，並透過性格優勢測驗，找到實踐自我的最佳途徑。

　　我希望這本書能給予你的，是一套梳理生活的系統，讓你未來無論做什麼事情，都能用更清楚、更理性、更順著自己性格優勢的方法做計畫，讓你面對未來更樂觀、更正面、更積極。

　　這一講的「幸福宣言」，你可以當作總結，也可以印出來

當作「畢業證書」；或許用手機翻拍下來，隨時可以拿出來看一下；更歡迎你按照自己的方式撰寫自己的幸福宣言，天天晨起大聲念一遍，為自己每一日的開始做個正向的調頻設定。

希望你是每天給自己 15 分鐘的時間讀完這本書的（但若沒有，也歡迎再讀一次）。

其實，我更希望你讀完這本書之後，還是可以維持這個習慣，每天給自己 15 分鐘閱讀、思考、跟自己對話；如果透過這本書，能讓你的生活多了一點這樣的「自我進步空間」，我將超級心滿意足。

美好的未來不是一蹴可幾，而是每一個微小的成功所累積堆疊起來的；讀完這本書，不是句點，而是起點，從今天開始，請繼續運用你的優勢，散播幸福的未來給身邊的人。

恭喜你完成這本書，也謝謝你給我們機會，共度自我探索、自我整理的時光，願你每天都能持續進步，過得充實、幸福、美滿。

我很期待，在你理想的未來某一天當中，見到你。

未來宣言

我是一個有故事、有力量、有價值的人。
我肯定自己的優勢，並且運用這些優勢，
讓自己和身邊的人有更好的生活。
當自己和別人更好，未來才會更好！
為了成功的明天，我每天會做以下五件事情：

1. 正向情緒

_____

2. 全心投入

_____

3. 深度關係

_____

4. 意義感

_____

5. 成就感

_____

我相信許多【成功的明天】，將會累積成幸福的未來。
這是我屹立不搖的力量，我的生活基石。
這是我值得、也應當得到的美好人生！

（日期）　　　　　　　　　（簽名）

附錄

VIA 性格優勢列表

　　行為中的性格優勢分類（Values In Action Classification of Strengths，簡稱 VIA），是由塞利格曼和彼得森博士協同全球 40 幾位學者所研發的積極心理學工具，自從 2004 年正式發表以來已獲得全球學術界的認可，並持續微調更新。VIA 的宗旨是提供一套可被測量、可被鍛鍊、有益於自我和人類社會正向發展的性格特點。

　　這個分類法首先定義出六個「核心美德」（core virtues），再從中細分出 24 種「性格優勢」（character strengths）。

　　塞利格曼等學者認為，每個人都或多或少有這 24 個優勢，如果某一個優勢在測量結果偏低，並不代表那是弱點，只是在個性中未被開發；優勢也與天分不同，並非與生俱來，而是可以透過學習培養。

　　學者們認為，與其設法成為「十全十美」的人，不如運用自己已經具備的最強優勢（所謂的「招牌優勢」）來優化自己的生活；如果一個人能經常在生活中運用自己的招牌優勢，不但會覺得行動更有能量，也會增加人生的參與感與意義感[①]。

在人生的不同階段，優勢也會有所演進，所以你可以定期
測試看看，自己是否有了新的優勢和能量來源。

核心美德一：智慧與知識的優勢（Strengths of Wisdom and Knowledge）

知識獲取和運用上的認知優勢

- 創造力（Creativity）：運用新穎、富有成效的方式，使思維
  更加概念化。

- 好奇心（Curiosity / Interest in the World）：基於自己的興趣
  而喜愛發現，會主動認定目標，開始探索。

- 評價和批判性思考（Judgment / Critical Thinking）：從單一事
  物的各個角度進行思考，不會過早下結論，而是權衡各種證
  據和跡象。

- 樂於學習（Love of Learning）：主動掌握新的技能，攫取新
  知識。

- 洞見（Perspective）：為他人提供明智的建議，擁有對自己和
  他人都有意義的世界觀。

---

① VIA性格優勢的分類和測試問卷的智慧版權屬於Values in Action Institute.
　Peterson, C. & Seligman, M. E. P.（2004）. *Character strengths and virtues: A handbook and classification*. Washington, DC, US: American Psychological Association; New York, NY, US: Oxford University Press.

核心美德二：勇氣的優勢（Strengths of Courage）

內外意見不一致時，依然能夠順利完成任務的力量

- 勇敢（Bravery）：在威脅、挑戰、困難或痛苦面前，挺身而出，不言畏縮；在有反對意見時，依然能夠為正義、真理辯護，即使不受歡迎。
- 毅力（Persistence）：做事有始有終，尤其在面對困難時，依舊堅持不懈，並樂觀積極地完成任務。
- 真誠與誠實（Authenticity/ Honesty）以非常誠懇的方式，更加全面的看待事情的本質，不吹噓，也不炫耀。
- 熱情（Vitality）：以一種充滿活力、激情四射的心態感悟生活，不會半途而廢，對生活具有冒險精神。

核心美德三：仁愛的優勢（Strengths of Humanity）

能夠友好地與人交往的人際關係優勢

- 愛與被愛的能力（Love）：和他人保持親密友好的關系，特別是那些樂於分享並具有同情心的人。
- 善良（Kindness）：樂於幫助他人，關懷他人。
- 社交能力（Social Intelligence）：意識到他人的動機和情感，明白在不同的社交場合如何行事。

核心美德四：正義的優勢（**Strengths of Justice**）
促進健康團體生活的公民優勢

- 公德（Citizenship / Teamwork）：身為社會成員，能夠與大家同心協力，對團隊忠誠，樂於分擔，對社會負責任。
- 公平（Fairness）：對所有人一視同仁，不因個人情感而有所偏倚，給予每個人同等的機會。
- 領導力（Leadership）：合理安排團隊活動，與成員關係良好，使夥伴們都感到開心。

核心美德五：節制的優勢（**Strengths of Temperance**）
對抗浪費、自我控制的有效力量

- 原諒及寬恕（Forgiveness/ Mercy）：原諒他人的錯誤；接受他人的不足，並給予第二次機會。
- 謙遜（Humility / Modesty）：保持謙虛的態度，不認為自己高人一等。
- 謹慎（Prudence）：對自己的決定謹慎小心，不過度冒險，不說或不做以後很可能會後悔的事情。
- 自律（Self-Regulation）：所作所為能夠遵守規定和紀律，控制自己的情緒和行為。

核心美德六：心靈昇華的優勢（Transcendence）

能夠進一步與更大的世界接觸，也是個體與他人、自然、世界建立有意義的聯繫的力量

- 對美和卓越的欣賞（Appreciation of Beauty and Excellence）：從自然到藝術、科學，欣賞生活中不同領域的美麗、卓越和才華。

- 感激（Gratitude）：對他人的幫助予以感激，並時常表達謝意。

- 希望（Hope）：對未來充滿希望，並努力去實現它，相信未來是可以靠自己雙手創造。

- 幽默（Humor）：時常帶給他人歡樂，能夠看到事物積極的一面。

- 信仰及靈性（Spirituality）：對生活的意義、更高的目標擁有堅定一致的信念，並能將這種信仰付諸實踐。

― 致 謝

　　這本書能夠來到你的手上，靠的是許多人的努力。

　　與三采文化從談定出版計畫到現在，已經有三年了。在這段日子裡，出版社一直對我不離不棄的耐心等候，從不催稿，對於我每次提出的想法，總是以最專業的態度立即給予回應。感謝總編輯曾雅青、當年寫專欄就認識的副總編輯王曉雯、和冰雪聰明的經紀行銷部經理張育珊。與他們合作是個非常愉快的經驗。

　　我自己的團隊扮演了絕對關鍵角色，從一開始與我做深度討論，合作擬出第一版的巫柏翰、一起打造課程的夥伴們于海寶、劉平、袁泉、張文飛、陳嫚，感謝你們在未知的路上與我一起摸索與嘗試。柏翰，記住你對自己的承諾，30 歲前要寫出一個劇本，加油！

　　這本書邁向 2.0 的過程中，要感謝特約編輯姜兆宇。他讓這本書的內容更順暢好讀，並發揮了資深記者的提問功

力，讓我有機會再次檢視之前的每一個章節，進而優化了整體的脈絡。

學員們的經驗，是這本書最重要的參考。此書前身的線上自我成長訓練營，至今已有超過兩萬五千名學員報名，累積了數千則的留言。許多同學大方分享自己的前後蛻變，也不吝於給彼此按讚鼓勵。一群沒見過面的網友竟然能為彼此的進步喝采，實在令人感動萬分。我也鼓勵你找朋友一起來完成這本書的練習，如同約個夥伴去健身房一樣，效果會加乘，也更能夠堅持到底。

最後，此書要獻給我的家人和父母親。他們是我的人生導師、我的愛心能源，讓我腳能夠踏得更實，背能夠挺得更直。有他們的鼓勵和支持，我更有勇氣撰寫出精彩的人生故事。

感謝每位勇於改造自己的朋友，世界將因你而更好。

國家圖書館出版品預行編目資料

大腦衝浪 / 劉軒作. -- 臺北市：三采文化, 2018.07
　　面；　公分. --（Mind map；168）
　　ISBN 978-957-658-034-5（平裝）

　1.自我實現　2.時間管理　3.潛能開發

177.2　　　　　　　　　　　107010701

suncolor
三采文化集團

Mind Map　168
大腦衝浪

作者｜ 劉軒　　插畫繪者｜ Marco Chen 陳裕仁

副總編輯｜ 王曉雯　　特約編輯｜ 姜兆宇　　責任編輯｜ 徐敬雅　　校對｜ 呂佳真

美術主編｜ 藍秀婷　　封面設計｜ 池婉珊　　內頁排版｜ 陳育彤

攝影｜ 林有騰（www.flyphoto.tw）

行銷經理｜ 張育珊　　行銷企劃｜ 周傳雅

發行人｜ 張輝明　　總編輯｜ 曾雅青　　發行所｜ 三采文化股份有限公司

地址｜ 11492 台北市內湖區瑞光路 513 巷 33 號 8 樓

傳訊｜ TEL：8797-1234　FAX：8797-1688　　網址｜ www.suncolor.com.tw

郵政劃撥｜ 帳號：14319060　戶名：三采文化股份有限公司

初版發行｜ 2018 年 7 月 27 日　定價｜ NT$350

　　　7 刷｜ 2023 年 12 月 25 日